Farben

Das Pantherchamäleon kann seine Farben in wenigen Minuten radikal ändern. Nach dem Kampf mit einem anderen Männchen zeigt sich der Sieger besonders bunt. Der Verlierer „verliert" dagegen seine Farbe.

Die Haut des Pantherchamäleons kann sich so verändern, dass sie Licht in unterschiedlichen Farben zurückwirft.

Inhaltsverzeichnis

Weiß ist farbig

1 Die Sonne scheint auf einen Schleier aus Wassertröpfchen.

Material zur Erarbeitung: A

Wenn Sonnenlicht auf Wassertröpfchen trifft, sieht man manchmal viele Farben.

Weißes Licht aus vielen Farben • Das weiße Sonnenlicht ist ein Gemisch aus
5 rotem, grünem, blauem Licht und vielen anderen Farben. Wassertropfen oder ein Prisma aus Glas können das weiße Licht in seine Farben auftrennen. → 2 Man sieht die Farben dann
10 untereinander oder nebeneinander.

Spektrum • Die Farben des aufgetrennten Sonnenlichts haben immer die gleiche Reihenfolge: Rot, Orange, Gelb, Grün, Blau und Violett. Es entsteht ein
15 farbiges Band: das Spektrum. → 3 Die Farben heißen Spektralfarben. Viele Lampen erzeugen ebenfalls weißes Licht. Sie haben aber oft ein anderes Spektrum als das Sonnenlicht. → 4

20 **Aus farbigem Licht wird weißes Licht •** Wenn das farbige Licht des Sonnenspektrums zusammengeführt wird, sieht man wieder weißes Licht. → 5

> Weißes Licht kann in viele Farben zerlegt werden. Diese Farben können wieder zu weißem Licht zusammengeführt werden.

Aufgaben

1 ○ Beschreibe, wie man ein Spektrum des Sonnenlichts erzeugen kann.

2 ○ Beschreibe, was ein Spektrum ist.

3 ○ Schreibe die Spektralfarben des Sonnenlichts in der richtigen Reihenfolge auf.

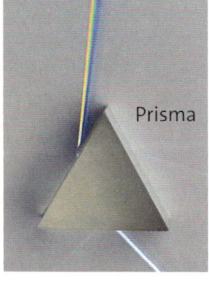

2 Weißes Licht wird aufgetrennt.

Rot   Orange   Gelb   Grün   Blau Violett

3 Sichtbares Spektrum des weißen Sonnenlichts und Spektralfarben

4 Spektrum einer weiß leuchtenden Energiesparlampe

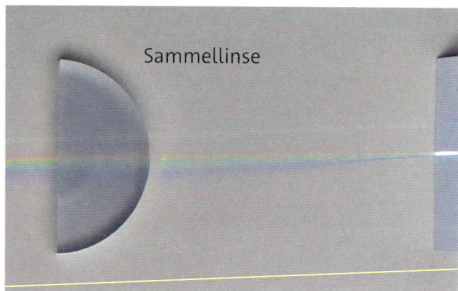

Sammellinse

5 Aufgetrenntes weißes Licht wird wieder zusammengeführt.

Material A

Weißes Licht geht durch ein Prisma

Materialliste: Prisma aus Glas, Tageslichtprojektor, schwarzer Karton, weißer Karton, Stativmaterial

1 Deckt die Glasscheibe des Projektors mit der dunklen Pappe ab, sodass nur ein schmaler Spalt in der Mitte frei bleibt. Stellt das Prisma in den Lichtweg. → 6 Haltet den weißen Karton dicht hinter das Prisma. Entfernt ihn dann langsam bis auf 2 m Abstand. Dabei soll der Karton weiterhin das Licht auffangen.
○ Beschreibt (und fotografiert), was ihr in verschiedenen Entfernungen auf dem weißen Karton beobachtet.

6 Prisma im Lichtweg

weißer Karton

Prisma

Schlitz · schwarzer Karton

Material B

DVD im weißen Licht

Materialliste: DVD oder CD

1 ○ Halte die spiegelnde Unterseite der DVD ins Sonnenlicht. Beschreibe (und fotografiere) deine Beobachtung.

2 ○ Kann euer Unterrichtsraum verdunkelt werden? Dann lasst die Verdunkelung bis auf einen kleinen Streifen herunter. Lenkt das Licht mit der DVD auf eine weiße Wand oder Leinwand. Beschreibt (und fotografiert) eure Beobachtung.

Material C

Viermal weißes Licht

Glühlampe

LED-Lampe

Energiesparlampe

7

1 ◗ Viele Lampen erzeugen weißes Licht. → 7 Vergleiche ihre Spektren mit dem Spektrum des Sonnenlichts in Bild 3. → 8 – 10

2 ◗ „Weißes Licht muss nicht wie das Sonnenlicht aus allen Farben bestehen." Erläutere diese Aussage an einer der drei Lampen. → 7 – 10

8 Spektrum einer Glühlampe

9 Spektrum einer LED-Lampe

10 Spektrum einer Energiesparlampe

Weiß ist farbig

Das Versuchsprotokoll

Stelle dir vor, du willst einem anderen „Wissenschaftler" von einem spannenden Versuch erzählen. Dann ist es wichtig, dass du deinen Versucht so aufgeschrieben hast, dass jemand anderes versteht, was du gemacht und herausbekommen hast. Das Versuchsprotokoll hilft dir dabei. → 1 So kann ein anderer „Wissenschaftler" den Versuch nachmachen und sehen, ob er zum gleichen Ergebnis kommt.
Ein Versuchsprotokoll sollte die folgenden Unterpunkte enthalten: → 2

1. Thema Worum es in dem Versuch gehen soll, wird häufig als Frage formuliert.

2. Vermutung Bei vielen Versuchen kannst du vermuten, wie die Antwort auf die Frage lautet. Wenn du deine Vermutung sogar begründen kannst, hast du eine Hypothese.

3. Skizze Fertige eine Skizze des Versuchs mit Bleistift an und beschrifte sie.

4. Durchführung Beschreibe kurz, was du gemacht hast. Beschreibe dabei nicht, was die Skizze schon zeigt.

5. Beobachtung Beschreibe genau, was du gesehen, gehört, gerochen, gefühlt oder gemessen hast. Hier darfst du noch keine Erklärungen oder Begründungen aufschreiben!

6. Ergebnis/Auswertung Beantworte die Versuchsfrage. Oft kannst du eine Regel formulieren. Stimmt deine Vermutung oder Hypothese?

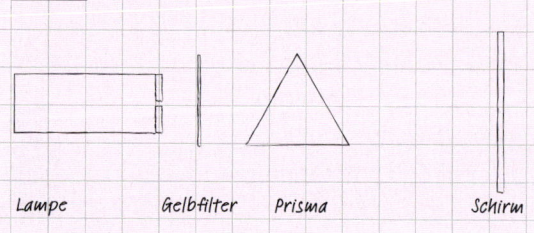

Max Mustermann   20.10.2017

Thema: In welche Farben lässt sich gelbes Licht auftrennen?

Vermutung: Gelbes Licht kann man nicht auftrennen.

Skizze:

Lampe   Gelbfilter   Prisma   Schirm

Durchführung: Ich drehe das Prisma und beobachte die Farben des Lichts auf dem Schirm.

Beobachtung: Man sieht auf dem Schirm einen roten, einen gelben und einen grünen Streifen.

Ergebnis: Das gelbe Licht, das ich mit der Lampe und dem Gelbfilter herstelle, lässt sich in rotes, gelbes und grünes Licht auftrennen.
Meine Vermutung hat sich nicht bestätigt.

2 Beispiel für ein Versuchsprotokoll

Aufgaben

1 Michael hat beim Versuchsprotokoll zwei Unterpunkte nicht richtig formuliert. → 3

a ○ Nenne diese Unterpunkte.

b ● Schreibe einen Tipp auf, worauf Michael beim nächsten Mal achten muss.

2 Auch Merles Versuchsprotokoll kann noch verbessert werden. → 4

a ○ Nenne die fehlenden Angaben.

b ◐ Schreibe einen Tipp auf, worauf Merle beim Formulieren der Durchführung achten muss.

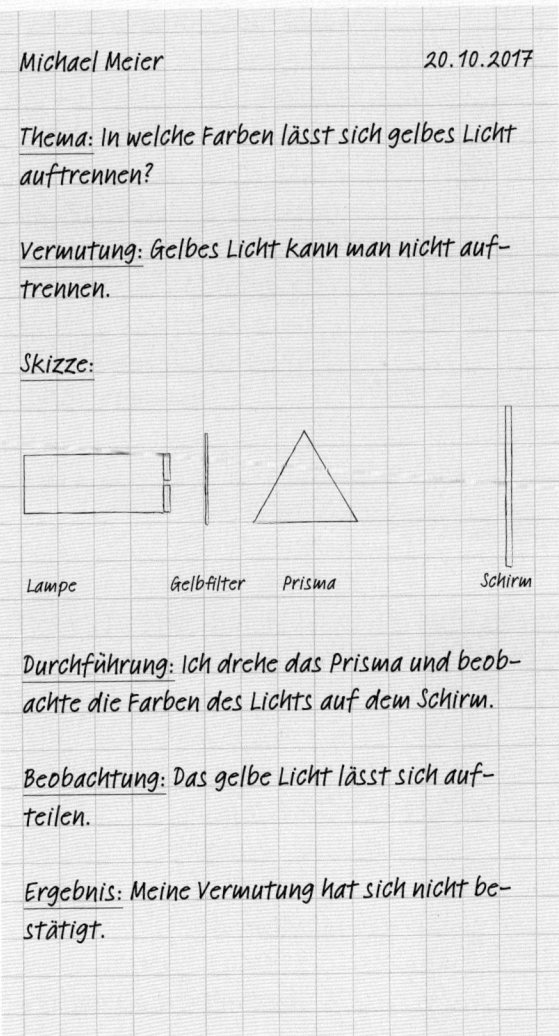

Michael Meier   20.10.2017

Thema: In welche Farben lässt sich gelbes Licht auftrennen?

Vermutung: Gelbes Licht kann man nicht auftrennen.

Skizze:

Lampe   Gelbfilter   Prisma   Schirm

Durchführung: Ich drehe das Prisma und beobachte die Farben des Lichts auf dem Schirm.

Beobachtung: Das gelbe Licht lässt sich aufteilen.

Ergebnis: Meine Vermutung hat sich nicht bestätigt.

3 Michaels Versuchsprotokoll

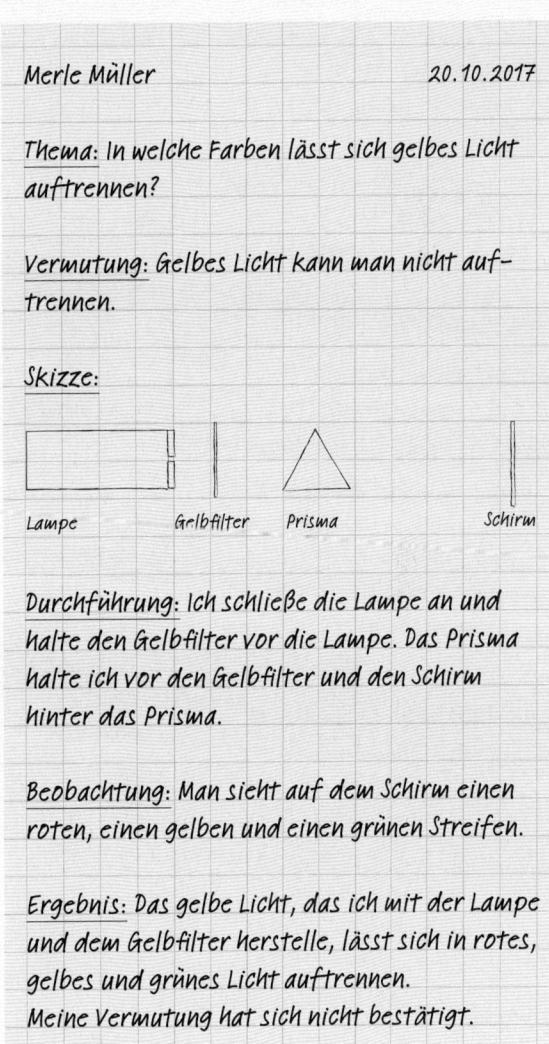

Merle Müller   20.10.2017

Thema: In welche Farben lässt sich gelbes Licht auftrennen?

Vermutung: Gelbes Licht kann man nicht auftrennen.

Skizze:

Lampe   Gelbfilter   Prisma   Schirm

Durchführung: Ich schließe die Lampe an und halte den Gelbfilter vor die Lampe. Das Prisma halte ich vor den Gelbfilter und den Schirm hinter das Prisma.

Beobachtung: Man sieht auf dem Schirm einen roten, einen gelben und einen grünen Streifen.

Ergebnis: Das gelbe Licht, das ich mit der Lampe und dem Gelbfilter herstelle, lässt sich in rotes, gelbes und grünes Licht auftrennen.
Meine Vermutung hat sich nicht bestätigt.

4 Merles Versuchsprotokoll

Weiß ist farbig

Wie unterscheidet sich das Spektrum einer Experimentierlampe vom Spektrum einer Energiesparlampe?

Diese Frage sollst du nach einem selbst geplanten und durchgeführten Versuch beantworten. Erstelle ein vollständiges Versuchsprotokoll.

Materialliste: Experimentierlampe mit Schlitzblende (Halogenlampe: 12 V; 20 W), Netzgerät, Prisma oder Gitterfolie, Schlitzblende ➞ 1

1 ◐ Du kennst das Spektrum der Energiesparlampe. Jetzt musst du herausfinden, wie das Spektrum der Experimentierlampe aussieht.
a Überlege dir einen Versuchsaufbau und skizziere ihn. Beschrifte die Skizze.
b Beschreibe in einer Anleitung, wie der Versuch durchgeführt wird.
Tipp: Beschreibe nicht den Versuchsaufbau – man erkennt ihn in der Skizze. Beschreibe nur, was man tun muss, um das Spektrum der Lampe zu sehen.
c Halte deine Beobachtung fest. Wie sieht das Spektrum der Lampe aus?

Netzgerät · Schlitzblende · Gitterfolie · Prisma · Experimentierlampe

1 | Versuchsmaterial

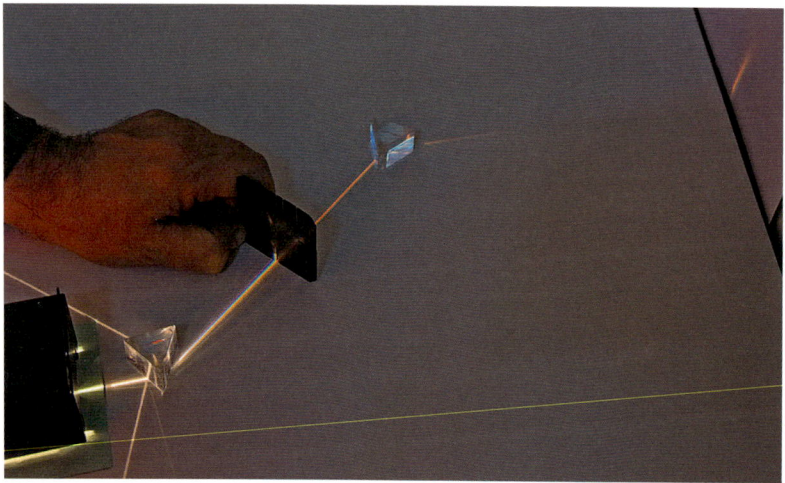

2 | Auf das rechte Prisma trifft nur Licht mit einer Farbe.

Lässt sich farbiges Licht aus einem Spektrum noch weiter auftrennen?

1 Zu dieser Frage wird ein Versuch durchgeführt. ➞ 2
Die Schlitzblende wird so gehalten, dass nur Licht einer einzigen Farbe durch die Öffnung scheint.
a ○ Beschreibe die Beobachtung.
b ◐ Notiere das Ergebnis. Beantworte die Frage.

Material F

Weißes Licht auftrennen und zusammensetzen

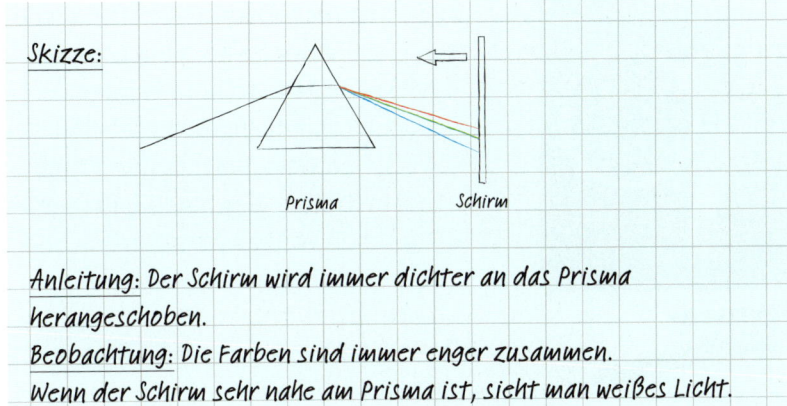

Skizze:

Prisma   Schirm

Anleitung: Der Schirm wird immer dichter an das Prisma herangeschoben.
Beobachtung: Die Farben sind immer enger zusammen.
Wenn der Schirm sehr nahe am Prisma ist, sieht man weißes Licht.

3

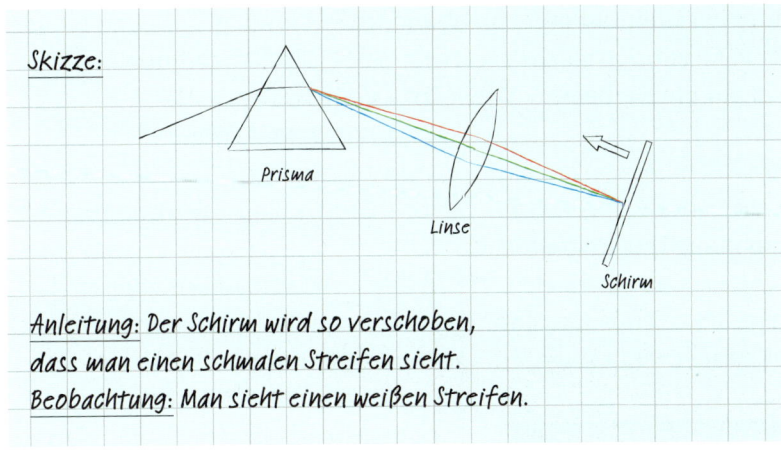

Skizze:

Prisma

Linse

Schirm

Anleitung: Der Schirm wird so verschoben,
dass man einen schmalen Streifen sieht.
Beobachtung: Man sieht einen weißen Streifen.

4

---

1 Michael war krank und möchte nun seine Nawi-Mappe vervollständigen. Dazu hat er sich von Freunden die Mappen ausgeliehen. Leider sind ihre Aufzeichnungen zu zwei Versuchen nicht vollständig. → 3 4
Wie werden die Aufzeichnungen richtig vervollständigt? → A – D

a 🔹 Ordne den Skizzen, Anleitungen und Beobachtungen jeweils die richtige Frage zu. → A B

b 🔹 Zu jedem Versuch haben die Freunde eine Vermutung notiert, die überprüft wurde. Ordne den Fragen jeweils die richtige Vermutung zu. → C D

c ● Notiere zu jedem Versuch das Ergebnis. Dazu musst du jeweils die Frage beantworten und notieren, ob die Vermutung bestätigt wurde.

Was geschieht, wenn die Farben eines Spektrums wieder zusammengeführt werden?

A

Was macht ein Prisma mit weißem Licht?

B

Vermutung: Es entsteht weißes Licht.

C

Vermutung: Das Prisma färbt das Licht.

D

Farbige Displays

1 Farbiger Bildschirm – unter die Lupe genommen

Materialien zur Erarbeitung: A–B

Der Bildschirm deines Handys oder Computers leuchtet in vielen Farben. Dafür sorgen sehr viele winzige leuchtende Streifen – in nur drei Farben!

5 **Bildschirmfarben** • Mit einer starken Lupe erkennt man auf dem Display winzige rote, grüne und blaue Leuchtstreifen. Immer drei zusammen sind ein Pixel. Die Leuchtstreifen sind so klein und eng 10 beieinander, dass unser bloßes Auge

sie nicht einzeln sieht. Ihr Licht mischt sich. Die Leuchtstreifen jedes Pixels können unabhängig voneinander eingeschaltet und in ihrer Helligkeit ver- 15 ändert werden. Dadurch entsteht jedes Mal ein anderer Farbeindruck:
• Wir sehen Rot, wo nur die roten Leuchtstreifen eingeschaltet sind.
• Wir sehen Gelb, wo rote und grüne 20 Leuchtstreifen gleich hell leuchten.
• Wir sehen Weiß, wo rote, grüne und blaue Leuchtstreifen gleich hell leuchten.

Man spricht von Farbaddition, weil 25 das Licht mehrerer Leuchtstreifen zum Farbeindruck zusammenkommt.

Mischregeln der Farbaddition • Auf eine Wand treffen rotes, grünes und blaues Licht. → **2** Die Farbaddition ergibt:
30 • Rot + Grün = Gelb
• Rot + Blau = Magenta
• Grün + Blau = Cyan
• Rot + Grün + Blau = Weiß

> Wenn sich Licht verschiedener Farben mischt, entstehen für uns neue Farbeindrücke. Man spricht von Farbaddition. Mit rotem, grünem und blauem Licht lassen sich alle Farbeindrücke erzeugen.

2 Farbaddition auf einer Wand

Aufgaben

1 ◯ Beschreibe, was wir unter dem Pixel eines Bildschirms verstehen.

2 ◐ Erkläre, wie der Farbeindruck Gelb beim Bildschirm zustande kommt.

Material A

Das Handy unter der Lupe

Materialliste: Stereolupe oder Fadenzähler, Handy

1 ○ Stelle auf dem Display deines Handys ein Bild mit weißen Flächen ein. Lege das Handy dann unter die Stereolupe. → 3

a Betrachte eine weiß leuchtende Fläche unter der Stereolupe ganz genau. Skizziere deine Beobachtung.

b Betrachte auch Flächen mit anderen Farben auf dem Display. Skizziere deine Beobachtungen wieder.

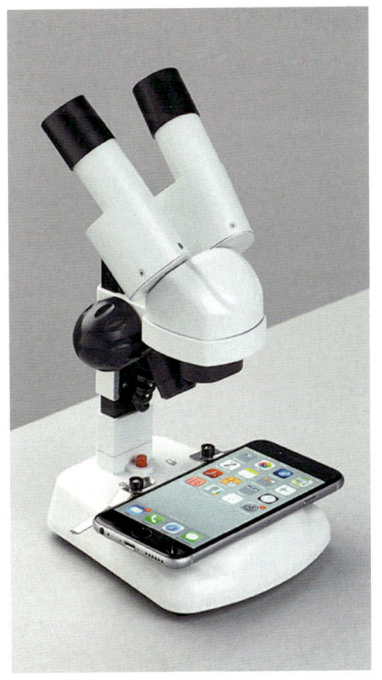

3 Stereolupe und Handy

Material B

Farbiges Licht mischen

Materialliste: Taschenlampen oder Strahler mit rotem, blauem und grünem Licht

4 Rot + Grün + Blau = ?

1 ◖ Richte die farbigen Lampen auf eine weiße Wand.
→ 4 Ihre Lichtflecke sollen sich überlappen.

a Beobachte die Farben auf der Wand genau. Gib an, aus welchem Licht sich die „neuen" Farben zusammensetzen.

b Erzeuge einen weißen Lichtfleck auf der Wand. Beschreibe, wie du vorgehst.

2 Das Licht von drei farbigen Lampen streift über den weißen Tisch. → 5

a ○ Nenne die Farben der drei Lampen.

b ◖ Gib jeweils an, wie sich die Mischfarben zusammensetzen. → 6

5 Mischungen von farbigem Licht

Mischfarbe	Gelb	Cyan	Weiß (Grau)
Farbe 1	?	?	?
Farbe 2	?	?	?
Farbe 3	?	?	?

6 Mischtabelle

Farbige Displays

1 Handy mit Farbmischer-App

Farbiges Licht mischen

1 Auf dem Handy kannst du rotes, grünes und blaues Licht mischen (Suchworte: rgb tool, color picker). ➞ 1

a ⬭ Erzeuge die 10 Farben.

➞ 2 – 11 Beschreibe jeweils, wie du die Farbe erzeugt hast: „Leuchtgrün erzeugt man mit viel Grün, wenig Blau und ohne Rot."

b ⬗ Erzeuge Farben und stelle sie deinem Nachbarn vor.

2 Leuchtgrün

3 Weiß

4 Schwarz

5 Leuchtgelb

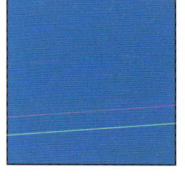

6 Himmelblau

7 Magenta

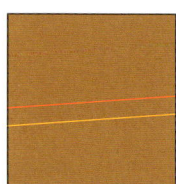

8 Ockerbraun

9 Signalviolett

10 Grasgrün

11 Cremeweiß

Farbkreis der Farbaddition

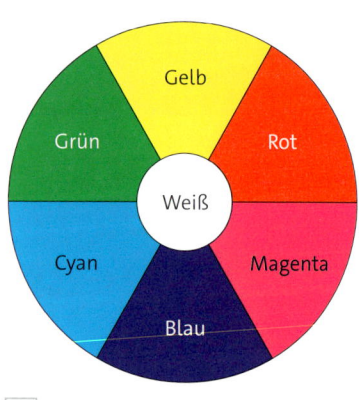

12 6-teiliger Farbkreis

1 ⬗ Mit dem Farbkreis kann man Farbeindrücke bei der Farbaddition von Licht vorhersagen: ➞ 12

- Die drei Farben Rot, Grün und Blau ergeben zusammen Weiß.
- Jede Farbe ergibt sich als Mischlicht der beiden benachbarten Farben.
- Gegenüberliegende Farben ergeben zusammen Weiß.

a Ergänze die Tabelle. ➞ 13

b Erstelle eigene „Farbrätsel". Mische auch 3 Farben. Dein Nachbar soll die Rätsel lösen.

Farbe 1	Farbe 2	Farbeindruck
Rot	Grün	?
?	Blau	Magenta
Grün	?	Cyan
Gelb	?	Weiß
Rot	?	Weiß

13 „Farbrätsel"

Material E

Pixel und Auflösung

Full-HD-Auflösung | 4-mal so viele Pixel | 16-mal so viele Pixel

1 Vergleiche die drei Bildaus-
schnitte. → 14
○ Beschreibe, welche Aus-
wirkung die Anzahl der Pixel
für die Schärfe hat.

Material F

Farbige Schatten

Materialliste: 3 Lampen mit
rotem, grünem und blauem
Licht, weiße Wand

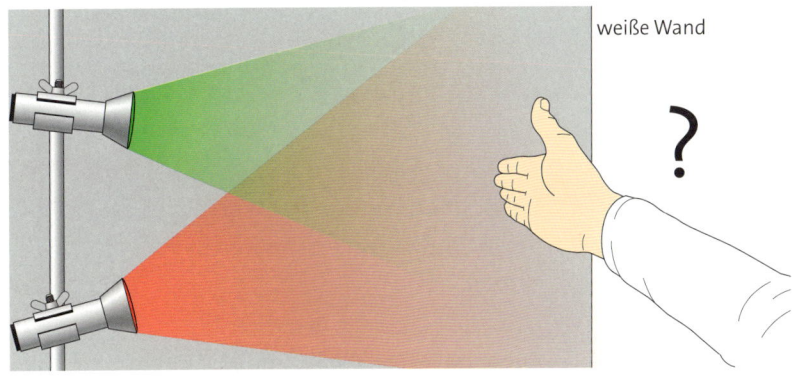

weiße Wand

15 Welche Farben siehst du auf der Wand?

1 ◗ Richte die rote und die
grüne Lampe auf die Wand.
→ 15 Halte eine Hand vor
die Wand. Beschreibe genau,
was du auf der Wand siehst.

2 ◗ Ersetze die grüne Lampe
durch die blaue Lampe.
Halte die Hand vor die Wand
und beschreibe wieder ge-
nau.

3 ◗ Ordne den Versuchen ihr
Ergebnis zu. → 16 – 18
Erkläre, wie der Farbeindruck
der Wand und der schwarze
Schatten entstehen.

4 ● Ersetze die rote durch die
grüne Lampe (die blaue
Lampe bleibt). Sage die Farben der Schatten und der
Wand voraus. Überprüfe es.

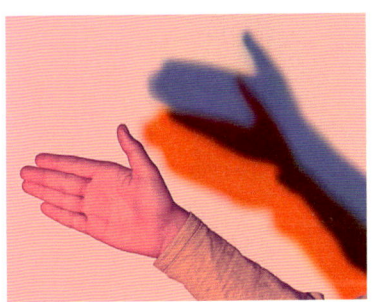

16 Versuch 1 oder 2?

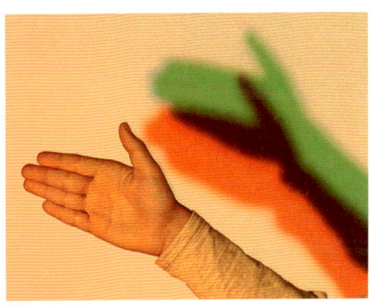

17 Versuch 1 oder 2?

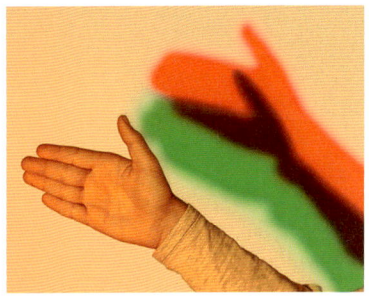

18 Versuch 1 oder 2?

Die Farben der Dinge

1 Weißes Licht – bunte Blumen

Materialien zur Erarbeitung: A, C

Die Blumen werden mit weißem Licht beleuchtet – und erscheinen in vielen Farben.

Körperfarben • Weißes Licht ist aus
5 vielen Farben zusammengesetzt. Wenn es auf eine Blüte trifft, wird ein Teil des Lichts von der Blüte „verschluckt" (absorbiert). Der andere Teil wird von der Blüte in alle möglichen

10 Richtungen abgegeben. Man sagt, dieses Licht wird gestreut:
- Rote Blüten streuen nur rotes Licht. → **2** Sie nehmen alle anderen Farben aus dem weißen Licht weg.
15 Man spricht von Farbsubtraktion.
- Gelbe Blüten absorbieren blaues und violettes Licht. Sie streuen gelbes, rotes und grünes Licht. → **3** Das rote und grüne Streulicht mischt sich zu-
20 sammen mit dem gelben Licht zum Farbeindruck Gelb (Farbaddition).
- Die weiße Vase streut alle Farben. → **4** Schwarze Gegenstände absorbieren nahezu alle Farben. → **5**

Ein farbiger Gegenstand absorbiert einige Farben des weißen Lichts (Farbsubtraktion). Die anderen Farben werden gestreut. Das gestreute farbige Licht ergibt zusammen den Farbeindruck des Gegenstands.

Farbfilter • Wenn man etwas rot beleuchten will, kann man einen Rotfilter vor die Lampe halten. Der Rotfilter lässt nur rotes Licht durch und absor-
35 biert alle anderen Farben. → **6**

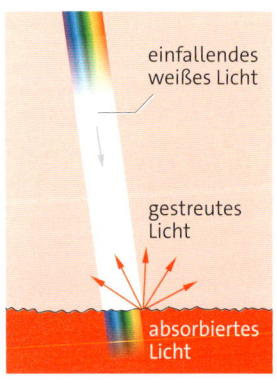

2 Rote Blüte

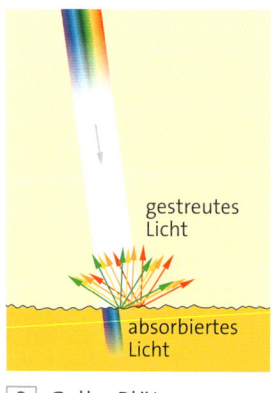

3 Gelbe Blüte

4 Weiße Vase

5 Schwarze Oberfläche

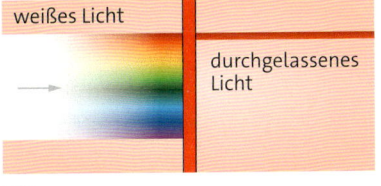

6 Rotfilter

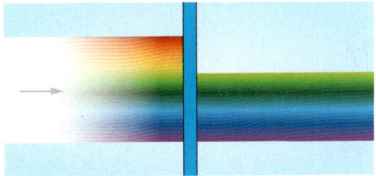

7 Gelbfilter

8 Cyanfilter

Ein Gelbfilter absorbiert violettes und blaues Licht und lässt gelbes, rotes und grünes Licht durch. → 7 Das durchgelassene Licht mischt sich zu Gelb.

40 Ein Cyanfilter lässt nur grünes bis violettes Licht durch. → 8 Durch Kombination von Farbfiltern kann man weitere Farbeindrücke erzeugen. → 9 10

9 Gelbfilter + Cyanfilter

Farben beim Drucken • Rote, grüne und

45 blaue Leuchtstreifen erzeugen alle Bildschirmfarben (Farbaddition). Auch die Farben auf diesem Blatt Papier werden durch winzige Farbpunkte erzeugt – in den Farben Cyan, Magenta,

50 Gelb und Schwarz. → 11 Sie leuchten aber nicht selbst, sondern absorbieren und streuen Licht (Farbsubtraktion). Der Farbeindruck Grün entsteht zum Beispiel, wenn sich benachbarte gelbe

55 und cyanfarbene Punkte überlagern.

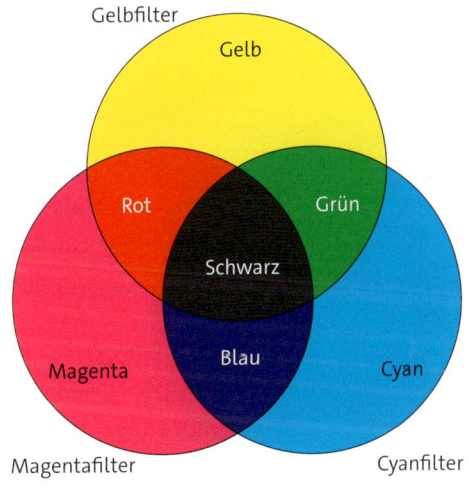

10 Farbsubtraktion durch Filter

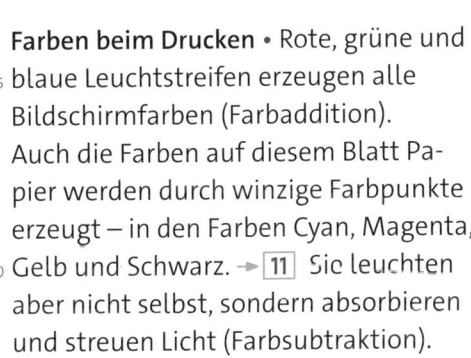

11 Gedrucktes Bild „unter der Lupe"

Aufgaben

1 ○ Beschreibe, was mit weißem Licht geschieht, das auf eine Tomate fällt.

2 ◐ Erkläre, wie man mit zwei Filtern den Farbeindruck Grün erzeugt.

3 ◐ Beschreibe, wie ein Drucker die Farbeindrücke Rot, Grün und Blau erzeugen kann.

Die Farben der Dinge

Material A

Farbiges Papier in weißem Licht

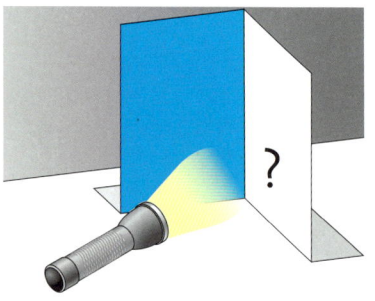

1 Welche Farbe ist auf dem weißen Blatt zu sehen?

Ist weißes Licht noch weiß, nachdem es von farbigem Papier gestreut wurde?

Materialliste: weißes Blatt Papier (dick); verschiedene farbige Blätter Papier (dick); Experimentierlampe oder Taschenlampe

1 Stelle das weiße Papier und ein farbiges Papier „über Eck" auf. ➡ 1 Lass nun weißes Licht schräg auf das farbige Papier fallen. Tipp: Leuchte nahe in die Ecke.

a ◯ Beschreibe, welche Farbe du auf dem weißen Papier siehst.

b ◯ Tausche das farbige Papier aus. Beschreibe wieder deine Beobachtung.

c ◆ Erkläre, was das farbige Papier mit dem weißen Licht macht. Benutze die Wörter „streut" und „verschluckt".

Material B

Farbige Gegenstände in farbigem Licht

2 RGB-LED-Lampe

Materialliste: farbige Gegenstände, RGB-LED-Lampe (oder Handy mit Farb-App) ➡ 2

1 Die Lampe (oder die Farb-App) mischt farbiges Licht aus den Farben Rot, Grün und Blau. Der Farbeindruck Gelb entsteht also aus der Mischung von rotem und grünem Licht.

a ◯ Gib an, ob es sich um eine Farbaddition oder eine Farbsubtraktion handelt.

b ◯ Welche Farben haben die Gegenstände in weißem Licht? Trage sie in die Tabelle ein (erste Spalte). ➡ 3

c ◆ Die farbigen Gegenstände sollen gleich mit farbigem Licht beleuchtet werden. Vermute, in welcher Farbe sie erscheinen werden. Trage deine Vermutungen ebenfalls in die Tabelle ein (zweite und dritte Spalte).

d ◯ Überprüft die Vermutungen im dunklen Raum.

Farbeindruck des Gegenstands in weißem Licht	Farbeindruck des Lampenlichts	Vermutung: Farbeindruck des Gegenstands im Lampenlicht	Beobachtung: Farbeindruck des Gegenstands im Lampenlicht
Rot	Gelb	?	?
?	?	?	?

3 Farbeindrücke

Material C

Farbige Folien

Materialliste: Prisma, Tageslichtprojektor, schwarzer und weißer Karton, farbige Folien (Farbfilter), Stativmaterial

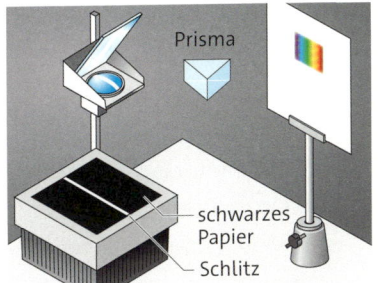

Prisma

schwarzes Papier

Schlitz

4 Spektrum erzeugen

1 Erzeuge ein Spektrum mit dem Prisma. → 4

a 🔵 Halte die Folien nacheinander in den Lichtweg. Beschreibe ihre Farbe und wie sie das Spektrum verändern.

b 🔵 Decke den Schlitz durch die Folien teilweise ab. Beschreibe wieder.

Material D

Bunte Blumen in gelbem Licht

5 Gelbe Beleuchtung

6 Gelbfilter

1 Der Blumenstrauß wird mit gelbem Licht beleuchtet. → 5 Das gelbe Licht ist kein Mischlicht.
🔵 Erkläre, warum die roten und blauen Blüten nicht farbig erscheinen.

2 Weißes Licht geht diesmal durch einen Gelbfilter. → 6

a ⚪ Gib an, welche Farben vom Filter durchgelassen werden.

b 🔵 Das durchgelassene Licht beleuchtet anschließend den gleichen Blumenstrauß wie zuvor. Welche Blütenfarben kann man nun erkennen? Begründe deine Antwort.

Material E

Zwei Farbfilter

1 🔵 Weißes Licht geht nacheinander durch zwei Farbfilter. → 7 8 Vervollständige die Tabelle im Heft.

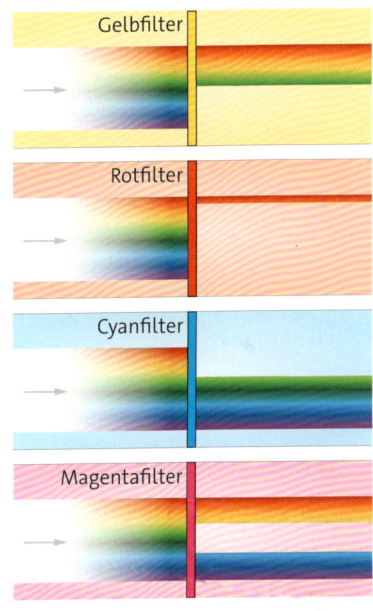

7 Eingesetzte Farbfilter

Filter 1	Filter 2	Ergebnis
Gelb	Rot	?
Cyan	Rot	?
Cyan	?	Grün
?	Magenta	Rot
Gelb	Cyan	?
Magenta	Gelb	?

8 Weißes Licht – 2-mal gefiltert

2 🔵 Überprüfe deine Lösung zum Beispiel mit einem Versuch.

Die Farben der Dinge

Material F

Farbkasten

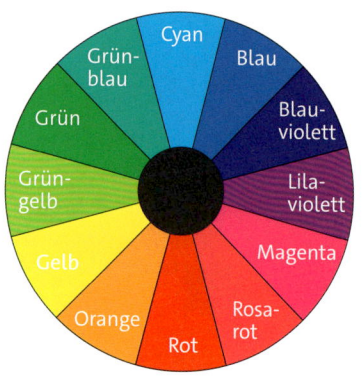

1 | 12-teiliger Farbkreis

Materialliste: Farbkasten, Pinsel, Wasser, Papier

1 ◐ Du kennst den 6-teiligen Farbkreis mit den Farben Rot, Grün, Blau, Cyan, Gelb und Magenta. Der 12-teilige

Mischfarbe	Farbe 1	Farbe 2
Orange	Gelb	?
?	?	?

2 | Farbmischung

Farbkreis enthält noch Zwischenfarben. → 1 Auch hier ergibt sich jede Farbe durch Mischen der beiden Nachbarfarben.

a Stelle in einer Tabelle mindestens vier Farbmischungen zusammen. → 2 Verwende dazu den 12-teiligen Farbkreis.

b Mische die Farben aus der Tabelle mit dem Farbkasten. Überprüfe die Mischfarben.

Material G

Vierfarbendruck

Farbdrucker arbeiten mit den Farben Cyan, Magenta, Gelb und Schwarz. → 3 Sie drucken winzige Farbpunkte. → 4

3 | Druckerfarben (CMYK)

Wenn das bedruckte Papier beleuchtet wird, absorbieren und streuen die Farbpunkte das Licht. Das Streulicht benachbarter Punkte mischt sich zu unserem Farbeindruck.

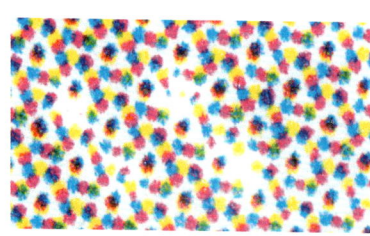

4 | Stark vergrößerte Farbfläche

Materialliste: farbige Zeitungsbilder, Stereolupe

1 ○ Vermute, welche Farbpunkte jeweils gedruckt werden, um grüne, blaue oder rote Bilder zu erhalten. → 5

2 ◐ Überprüfe die Vermutungen mit der Stereolupe und den Zeitungsbildern.

3 ◐ Ein Drucker druckt grünes Gras bläulich. Welche Farbpatrone ist leer: Cyan, Gelb oder Magenta? Begründe deine Antwort.

4 ◐ Erkläre, wie Drucker auch mit leerer Schwarz-Patrone schwarz drucken können.

Farbeindruck	Cyan	Magenta	Gelb
Grün	?	?	?
Blau	?	?	?
Rot	?	?	?

5 | Farbmischung bei Druckerfarben

Der LCD-Beamer

Drei Teilbilder – ein Bild • Mit LCD-Beamern kann man große bunte Bilder und Filme an die Wand „werfen". → 6 LCD steht für Liquid Crystal Display: Flüssigkristallanzeige.

5 Jedes Bild auf der Wand besteht aus drei Teilbildern. Wenn zum Beispiel ein Papagei zu sehen ist, enthält ein Teilbild alle roten Farbanteile, ein Teilbild alle grünen Farbanteile und ein Teilbild alle blauen Farbanteile. Die
10 Teilbilder überlagern sich auf der Wand und ergeben das farbige Bild des Vogels.

Die drei Teilbilder werden so erzeugt: → 7

- Am Anfang steht eine Lampe, die weißes Licht abstrahlt.
15 • Das weiße Licht fällt auf einen Spiegel, der nur rotes Licht umlenkt und alle anderen Lichtfarben durchlässt. (1)
- Das umgelenkte rote Licht durchleuchtet eine LCD-Einheit, die das rote Teilbild er-
20 zeugt.
- Auf die gleiche Weise wird das blaue Teilbild und das grüne Teilbild erzeugt. (2)
- Die drei Teilbilder werden zum Schluss zusammengefügt und projiziert. (3) (4)

Aufgaben

1 ◐ Beschreibe, an welchen Stellen im LCD-Beamer farbiges Licht durch Farbaddition oder durch Farbsubtraktion entsteht. → 8

2 ● Vermute, wie das Bild auf der Wand aussehen würde, wenn die Lampe des Beamers gelbes Licht erzeugen würde. Begründe deine Vermutung.

6 LCD-Beamer

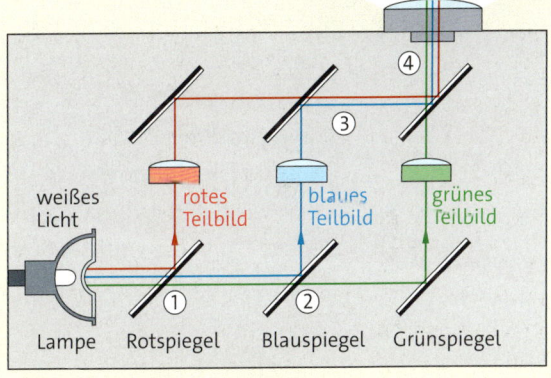

7 Lichtwege im LCD-Beamer

Stelle	Farbmischung	
	Farbaddition	Farbsubtraktion
1	?	?
2	?	?
3	?	?
4	?	?

8 Farbmischungen im LCD-Beamer

Farben sehen

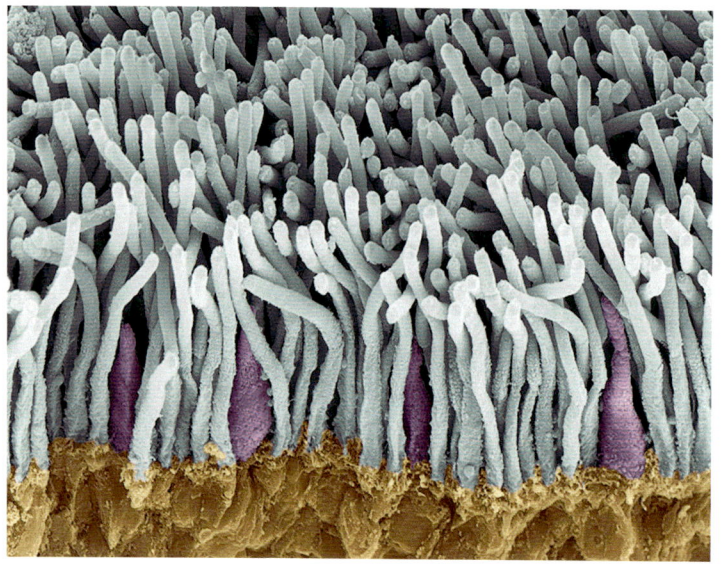

1 Sehsinneszellen des Auges unter einem starken Mikroskop

In unseren Augen nimmt ein Gewimmel von Sehsinneszellen ein farbiges Bild auf und überträgt es an das Gehirn.

Stäbchen und Zapfen • Unser Auge
5 erzeugt Bilder ähnlich wie eine Foto-
kamera. Die Bilder entstehen auf der
Rückwand des Auges. Dort ist die
Netzhaut. In ihr sind zwei Sorten
von Sehsinneszellen: → 1 2

10 • Hundert Millionen fadenförmige
Stäbchen (im Foto grau) reagieren
auf helle Bildteile.
• Mehrere Millionen Zapfen (im Foto
lila) sind auf verschiedene Farben
15 spezialisiert. Wir haben drei Arten
von Zapfen: Eine reagiert hauptsächlich auf blaues Licht, eine zweite auf
grünes Licht und die dritte Art reagiert hauptsächlich auf rotes Licht.
20 Wenn Licht auf die Sehsinneszellen
trifft, werden sie gereizt. Sie leiten
dann Signale an das Gehirn weiter. Im
Gehirn entsteht daraus der Eindruck
eines farbigen Bilds in vielen hellen
25 und dunklen Abstufungen.

Farben sehen • Mit den drei Arten von
Zapfen unterscheiden wir viele Hundert Farben:
• Das rote Licht einer Ampel reizt die
30 „Rotzapfen". Im Gehirn entsteht ein
roter Farbeindruck.
• Das gelbe Licht der Ampel reizt
gleichzeitig die „Rotzapfen" und die
„Grünzapfen". → 2 Im Gehirn ent-
35 steht ein gelber Farbeindruck.
• Bei unterschiedlich starker Reizung
von „Rotzapfen" und „Grünzapfen"
nehmen wir die Mischfarben von
Orange bis Gelbgrün wahr. Andere
40 Farbeindrücke entstehen, wenn
„Rotzapfen" und „Blauzapfen"
gleichzeitig gereizt werden oder
„Blauzapfen" und „Grünzapfen".
Wie hell wir Farben empfinden, hängt
45 von der gleichzeitigen Reizung der
Stäbchen ab. Wenn es dunkel ist,
reagieren die Zapfen nicht und wir
sehen alles nur in Grautönen.

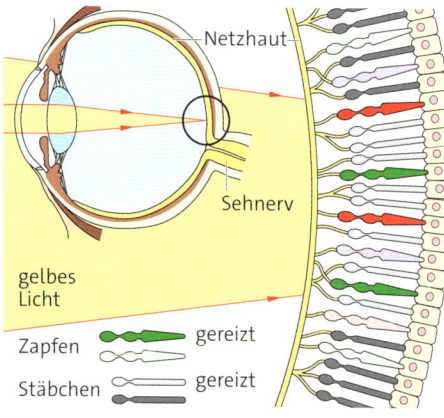

2 Aufbau von Auge und Netzhaut

die Netzhaut
das Stäbchen
der Zapfen
die Rot-Grün-Sehschwäche
die Farbenblindheit

Sehen wir alle Farben gleich gut? • Von
50 den etwa 6 Millionen Zapfen auf der
Netzhaut sind 5 Millionen „Rotzapfen"
und „Grünzapfen". 1 Million sind „Blauzapfen". Daher sind wir für rotes und
grünes Licht besonders empfindlich.
55 Die Verteilung der Zapfen auf der Netzhaut ist bei jedem Menschen etwas
anders. Die meisten Zapfen befinden
sich in der Mitte der Netzhaut. Das ist
der Bereich des schärfsten Sehens. Hier
60 entstehen die Bilder von Gegenständen, die in der Mitte unseres Blickfelds
sind. Bilder von Gegenständen am
Rand unseres Blickfelds entstehen weiter außen auf der Netzhaut. Hier liegen
65 die Zapfen nicht so dicht wie in der
Mitte der Netzhaut, sodass die Emp-
findlichkeit für Farben geringer ist.

> Die Stäbchen in der Netzhaut re-
> agieren auf Helligkeit. Drei Arten
> von Zapfen unterscheiden rotes,
> grünes und blaues Licht. Sie sind un-
> gleich verteilt. Wir sehen verschie-
> dene Farben unterschiedlich gut.

Rot-Grün-Sehschwäche • Bei manchen
75 Menschen funktionieren die „Grünzapfen" nicht richtig. Die Farbeindrücke
werden dadurch verändert. → 3 4
Rot und Grün lassen sich nicht unterscheiden. In Europa sind davon 10 % der
80 Männer und 0,5 % der Frauen betroffen.
Bei anderen Farbsehschwächen funktionieren die „Rotzapfen" oder die „Blauzapfen" nicht richtig. Eine komplette
Farbenblindheit kommt sehr selten vor.
85 Dann funktionieren alle Zapfen nicht
und man sieht nur Grautöne.

3 Obst und Gemüse

4 Für Rot-Grün-Sehschwache

Aufgaben

1 ○ Beschreibe die Aufgaben von
Stäbchen und Zapfen in der Netz-
haut. Unterscheide die Arten von
Zapfen.

2 ◐ Erkläre, wie ein gelber Farbeindruck entstehen kann.

3 ◐ „Nachts sind alle Katzen grau."
Erkläre dieses Sprichwort.

4 ○ Begründe, warum wir für grünes
Licht empfindlicher sind als für
blaues.

5 Farbsehschwäche
a ○ Nenne eine Farbsehschwäche.
b ◐ Beschreibe, wie diese Farbsehschwäche erkannt werden kann.
c ◐ Erkläre, wie sie entsteht.

19

Farben sehen

Material A

Sehen wir alle die gleichen Farben?

Hast du schon einmal mit anderen über Farben diskutiert? Man kann sich schnell einigen, ob ein Gegenstand grün oder rot ist. Schwieriger wird es bei Blau, Grün und Türkis oder bei Braun und Dunkeloliv.

1 ◯ Gib jeder Kreide einen Farbnamen. → 1 Tausche dich mit deinem Tischnachbarn aus.

2 ◯ Entscheide dich, ob der Schlauch blau oder grün ist. → 2 Tausche dich darüber wieder mit deinem Tischnachbarn aus.

3 ◯ Bildet gemischte Gruppen aus Mädchen und Jungen. Beschreibt eure Farbeindrücke aus den Bildern 1 und 2 noch einmal.

4 ◳ Sucht gemeinsam Beispiele, wo euer Farbempfinden verschieden ist. Präsentiert sie vor der Klasse.

1 Farbige Kreide

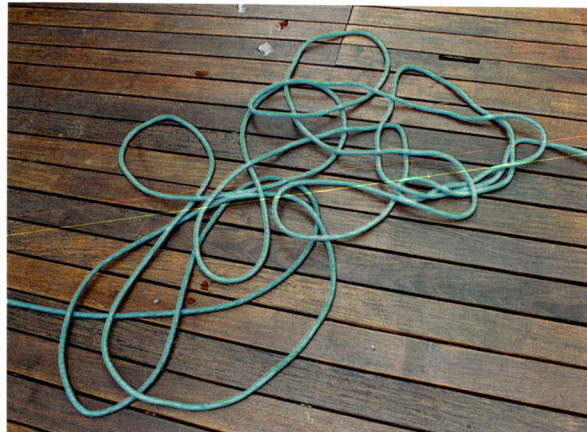

2 Grün oder blau?

Material B

3 Katze bei Nacht

Nachts sind alle Katzen grau

Materialliste: 4 große farbige Pappen: rot, gelb, grün, blau; dimmbare Lampe

1 Befestigt die farbigen Pappen an einer Wand im Klassenraum.

a Schaltet die dimmbare Lampe an und verdunkelt dann den Raum. Vermindert nun langsam die Beleuchtung.
◯ Beschreibt, in welchen Farben ihr die Pappen seht – bei heller Beleuchtung und bei schwacher Beleuchtung.

b ◳ Erklärt die Veränderung.

Material C

Farbsehschwächen – mit Farbsehtafeln schnell erkennen

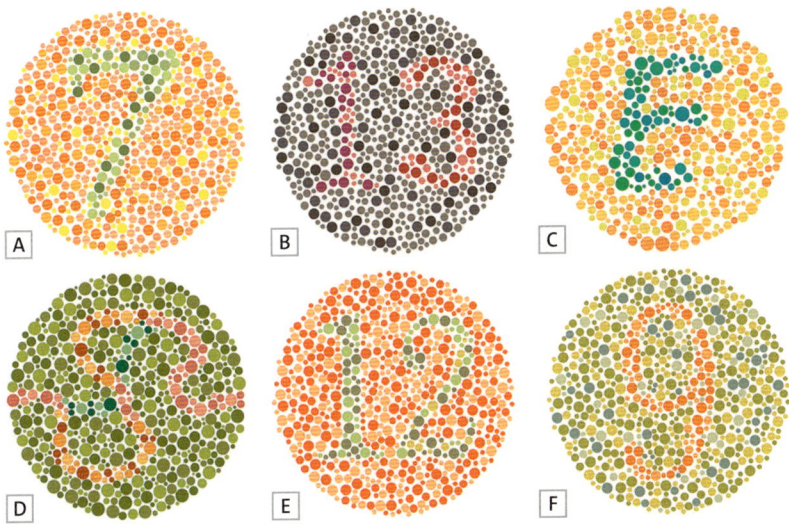

A B C

D E F

4 Farbsehtafeln

1 ◯ Schau dir die Farbsehtafeln genau an. ➔ 4
Notiere die Zahlen, die du
erkennst. Siehst du noch
mehr?

2 ◯ Tausche dich mit deinem
Nachbarn aus. Wenn ihr
nicht das Gleiche seht, gebt
euch gegenseitig Tipps.

3 ◖ Ordne die Farbsehtafeln
einer Rotsehschwäche oder
einer Grünsehschwäche zu.
Begründe deine Zuordnun-
gen.

Material D

Farben am Rand des Blickfelds sehen

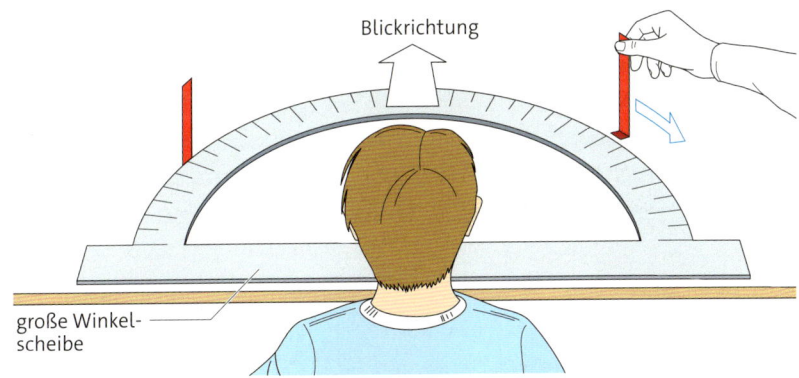

Blickrichtung

große Winkel-
scheibe

Winkel rot		Winkel blau		Winkel grün	
links	rechts	links	rechts	links	rechts
?	?	?	?	?	?

5 Sieht man die Farben überall gleich gut?

Materialliste: je 2 Pappstreifen
rot, blau und grün; große Winkelscheibe

1 Lege die Winkelscheibe vor
dir auf den Tisch. Schau
immer auf die Mitte. ➔ 5
a ◯ Dein Nachbar führt die
Pappstreifen nacheinander
langsam von der Mitte zum
Rand der Winkelscheibe. Er
legt die Streifen dort ab, wo
du ihre Farbe gerade noch
siehst. Notiert die Winkel.
b ◖ Wiederholt den Versuch
mit vertauschten Rollen.
Vergleicht eure Ergebnisse.

Farben sehen, die nicht da sind

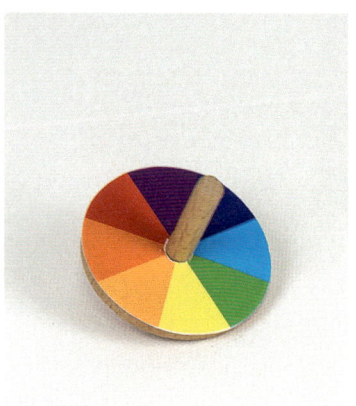

1 | Werden die Farben beim Drehen des Kreisels verändert?

Material zur
Erarbeitung: A

**Der Farbkreisel bringt den Beweis:
Farben sehen wir mit dem Gehirn.**

Erdachte Farben • Der Farbkreis auf
dem ruhenden Kreisel hat acht ver-
5 schiedene Farben. → 1 Auf dem
schnell drehenden Farbkreisel erkennst du diese Farben nicht mehr.
Der Farbkreis ist stets derselbe — aber
deine Farbeindrücke sind verschieden.
10 Die Zapfen in der Netzhaut werden
vom Streulicht des Farbkreisels gereizt. Sie senden ihre Farbinformationen an das Gehirn. Wenn du auf den
schnell drehenden Farbkreis schaust,
15 wechseln diese Informationen sehr
rasch. Das Gehirn kann sie nicht so
schnell verarbeiten. Es erkennt statt

der einzelnen Farben eine Mischfarbe.
Je nach den Farben auf dem Kreisel
20 sehen wir eine andere Mischfarbe:
• Alle Farben zusammen ergeben bei
heller weißer Beleuchtung ein mehr
oder weniger helles Grau.
• Eine Farbscheibe aus roten und blau-
25 en Flächen ergibt beim Drehen den
Farbeindruck Magenta. → 2
Andere Farbkombinationen auf dem
Kreisel erzeugen beim Drehen andere
Farbeindrücke.

30 **Farben sehen, wo keine sind** • Manchmal spielt uns das Gehirn einen
Streich: Wir sehen Farben, wo keine
sind. Schaue zum Beispiel bei guter
Beleuchtung eine Minute lang fest auf
35 den schwarzen Punkt zwischen den
beiden farbigen Kreisen. → 3 Wenn
du dann auf eine weiße Wand blickst,
siehst du dort ebenfalls farbige Kreise.
Dieser Farbeindruck entsteht so: Das
40 Streulicht von den beiden farbigen
Kreisen im Buch reizt die Rotzapfen
und die Grünzapfen in der Netzhaut
stark. Es braucht eine gewisse Zeit,
bis diese Reizung wieder abklingt.
45 Wenn du in dieser Zeit auf eine weiße
Fläche blickst, siehst du dort „nachleuchtende" farbige Kreise.

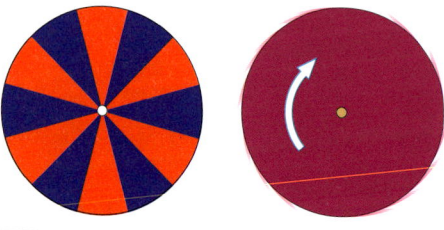

2 | Farbkreis für Magenta

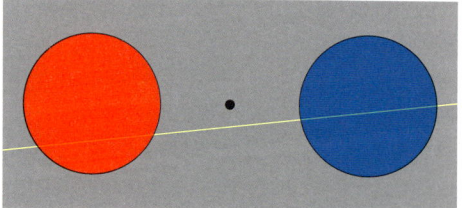

3 | Schaue eine Minute lang fest auf den
Punkt — und dann auf eine weiße Wand.

Es gibt auch Situationen, in denen das Gehirn einen Farbeindruck selbststän-
dig an seine Erfahrung anpasst. Stelle dir zum Beispiel einen schönen Son-
nenuntergang vor. Eine weiße Wand im Sonnenlicht müsste jetzt rötlich
erscheinen. Wir sehen die Wand trotz-
dem immer noch weiß. Denn unser Gehirn geht davon aus, dass die Wand
weiß ist. Um diesen Farbeindruck zu erreichen, mischt das Gehirn ein biss-
chen Grün dazu.

Farben, die es nicht gibt • Unsere Au-
gen reagieren auf Licht. Licht in den Farben Braun, Rosa oder Olivgrün gibt
es aber nicht. Solches Licht lässt sich auch durch Mischen nicht herstellen!
Die Farbeindrücke Braun, Rosa oder Olivgrün entstehen anders:
• Wenn man das Foto der Brötchen rechts oben unter die Lupe nimmt,
sieht man rote und gelbe Bildpunkte. → 4 Sie sind von vielen schwarzen
Bildpunkten umgeben. Auf diese Weise entsteht der Farbeindruck
Braun. → 5
• Der Farbeindruck Rosa entsteht, wenn wenige rote Punkte von viel
Weiß umgeben sind. → 6
• Der Farbeindruck Olivgrün entsteht durch wenige grüne Punkte, die von
viel Schwarz umgeben sind. → 7

Unser Gehirn verarbeitet die Infor-
mationen, die von den Zapfen gesendet werden, zu einem Farbeindruck. Dabei können Eindrücke von Farben entstehen, die nicht
vorhanden sind.

4 Braun im Vierfarbendruck

5 Farbkreis für Braun

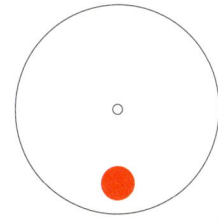

6 Farbkreis für Rosa

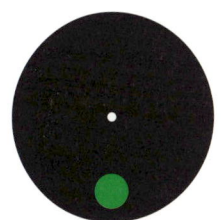

7 Farbkreis für Olivgrün

Aufgaben

1 ◐ Erkläre, warum wir mit dem Farbkreisel Farben sehen, die nicht
auf ihm vorhanden sind.

2 ◐ Erkläre, warum ein Farbkreisel mit allen Spektralfarben (fast) den
Farbeindruck Weiß erzeugen kann.

3 ◐ Beschreibe und erkläre, wie du an einer weißen Wand Farben sehen
kannst, die es dort gar nicht gibt.

4 ◐ Braunes Licht gibt es nicht! Erkläre, wie trotzdem der Farbeindruck Braun entsteht.

Farben sehen, die nicht da sind

Farbenkarussell

① Schneide Kreise aus dem weißen Papier aus.

11,5 cm

2 cm

② Schneide in die Mitte der Kreise ein Loch.

③ Bemale die Kreise mit „Tortenstücken" in verschiedenen Farben.

④ Setze die Murmel von oben in das Loch der CD. Klebe die Murmel mit Klebestreifen fest.

⑤ Klebe den ersten Farbkreis auf die CD.

⑥ Fasse den Kreisel an der Murmel an und drehe ihn schnell.

Farbbeispiele

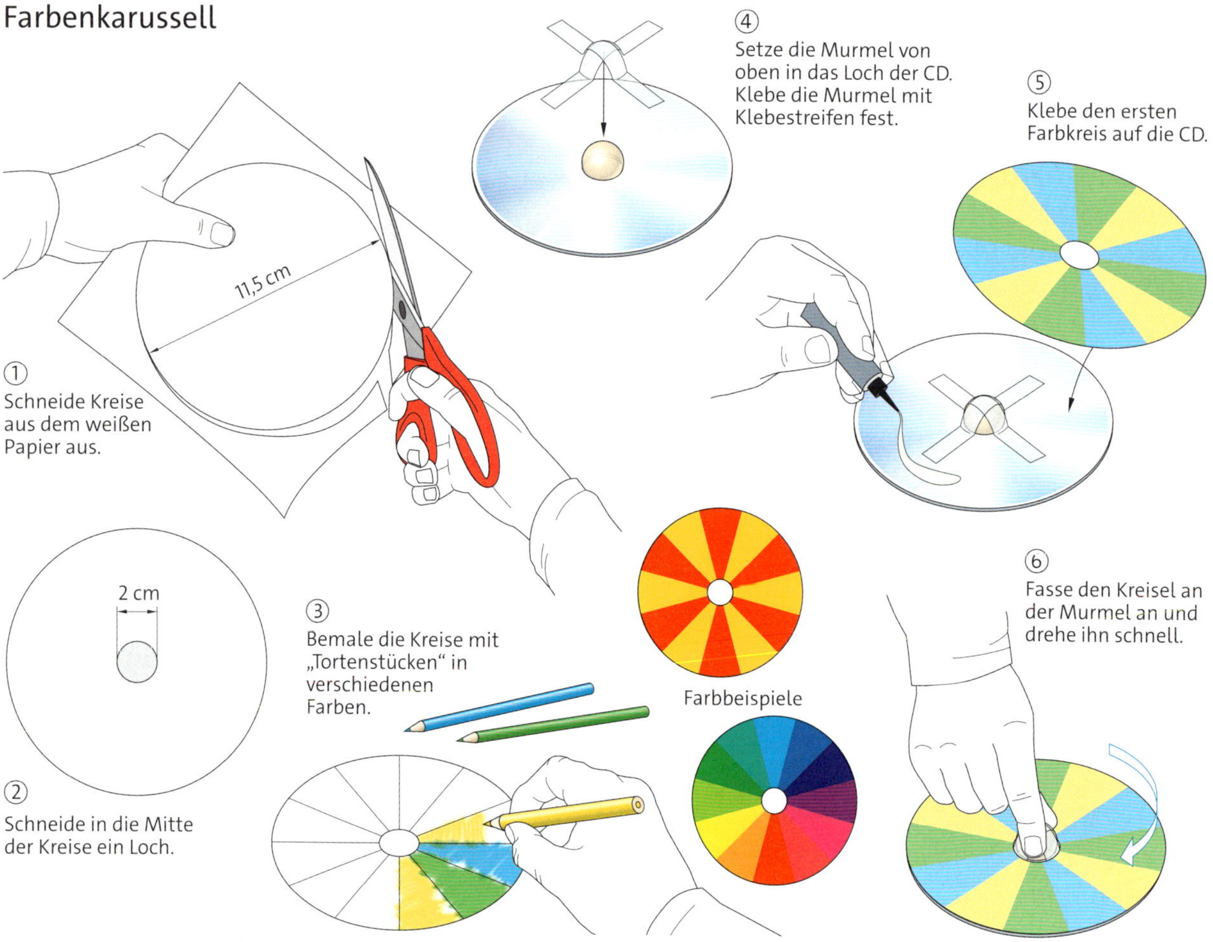

1   Bauanleitung für den Farbkreisel

Materialliste: alte CDs oder DVDs, festes weißes Papier, Buntstifte, Klebstoff, Glasmurmeln (größer als das Loch in der CD), durchsichtiges Klebeband

1 ◗ Fertige verschiedene Farbkreisel an. → 1 Drehe sie jeweils schnell. Beschreibe deine Farbeindrücke.

2 ◗ Fertige einen Farbkreisel mit einem roten Fleck und einen mit einem grünen Fleck an. → 2 3 Drehe sie schnell. Beschreibe deine Farbeindrücke.

3 ● Probiere aus, wie der Farbeindruck Ockergelb mit einem Farbkreisel erzeugt werden kann.

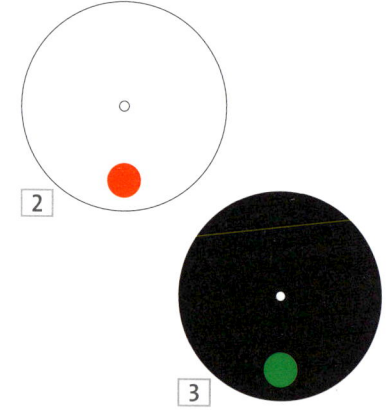

Material B

Farben, wo keine sind

1 ◕ Schaue eine Minute lang bei guter Beleuchtung auf den schwarzen Punkt im Vogelflügel. → **4** Bewege dabei deine Augen nicht. Siehe dann auf den Punkt im Käfig daneben. Beschreibe deinen Farbeindruck.

2 ● Gestaltet selbst „nachleuchtende" Bilder aus einfachen Formen und Farben. → **5** Tauscht eure Bilder aus und testet sie wie Bild 4. Wem gelingt ein besonders gutes Bild?

4

5 Verwende die linke oder die rechte Farbkombination.

Material C

Farbige Schatten – die es so nicht gibt

Materialliste: 2 Experimentierleuchten, 2 Farbfilter (rot, grün), aufrechter Gegenstand

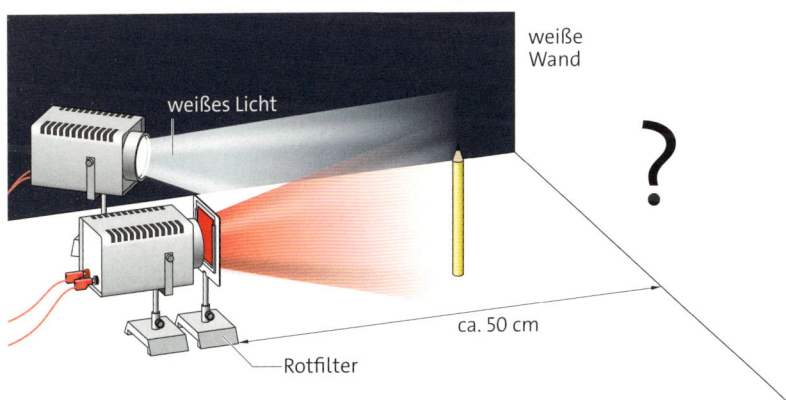

weiße Wand

weißes Licht

?

ca. 50 cm

Rotfilter

6 Sind die Schatten grau?

1 ◕ Baue den Versuch auf. → **6** Schalte zuerst die Lampe ohne den roten Farbfilter an. Verdunkle den Raum. Schalte dann die Lampe mit Farbfilter ein. Beschreibe ganz genau die Farbeindrücke der Schatten.

2 ◕ Wiederhole den Versuch, diesmal mit dem grünen Farbfilter.

3 ● Erkläre, wie der Farbeindruck der Schatten entsteht. Tipp: Siehe Seite 26.

Farben sehen, die nicht da sind

Nachbilder und hinzugedachte Farben

Nachbilder • Blicke eine Minute lang starr auf den schwarzen Punkt im Vogelflügel. ➝ 1 Wenn du dann auf eine weiße Wand schaust, siehst du dort auch einen Vogel. Seine Farben
5 sind aber ganz anders als die des gedruckten Vogels. Man spricht von einem Nachbild. Das Nachbild des Vogelkörpers kommt so zustande: Das grüne Licht reizt die „Grünzapfen" in der Netzhaut. Nach einiger Zeit ermüden sie
10 und senden nur noch schwache Signale ans Gehirn. Wenn du jetzt auf die Wand schaust, reizt das weiße Streulicht nur noch die „Rotzapfen" und die „Blauzapfen": Du siehst Magenta.

15 **Hinzugedachte Farben** • Manchmal „erfindet" unser Gehirn Farbeindrücke. Du kannst es in einem einfachen Versuch erleben. ➝ 2 Der Schatten A erscheint rot: Dorthin fällt rotes Licht von der Kerze 1, aber kein Licht von der
20 Kerze 2. In den Schatten B fällt weißes Licht von der Kerze 2, aber kein Licht von der Kerze 1. Eigentlich müsste der Schatten B daher grau aussehen. Er erscheint uns aber grün! Wie kommt dieser Farbeindruck zustande?

25 Aus Erfahrung wissen wir, dass der Schirm weiß ist. Er wird mit rotem und weißem Licht beleuchtet, müsste also rötlich erscheinen. Das Gehirn gleicht das aus, indem es Grün dazumischt. Im Schatten B – wo nur weißes
30 Licht auf den Schirm trifft – bleibt das hinzugedachte Grün übrig. Die Fähigkeit des Gehirns, von sich aus Farbeindrücke zu erzeugen, ist wichtig. Wir sehen dadurch Gegenstände auch dann in der glei-
35 chen Farbe, wenn sich die Beleuchtung ändert.

Aufgaben

1 ○ Erkläre, wie das Nachbild des Schnabels zustande kommt. ➝ 1

2 ◗ Erzeuge Nachbilder der farbigen Kreise. ➝ 3 Blicke dazu jeweils fest auf den schwarzen Punkt zwischen den Kreisen. Schaue dann nach 30 Sekunden auf eine weiße Fläche.
Gib an, wo die Farben der verschiedenen Kreise und ihrer Nachbilder im 6-teiligen Farbkreis liegen.

1 Nachbilder erzeugen

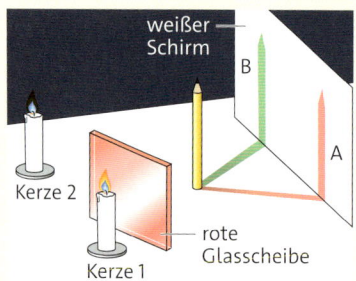
2 Hinzugedachtes Grün

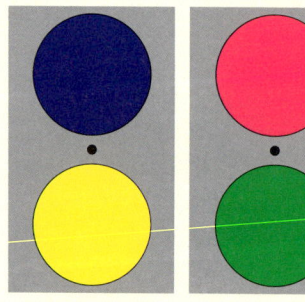
3 Mehr Nachbilder erzeugen

Von der Natur abgeschaut

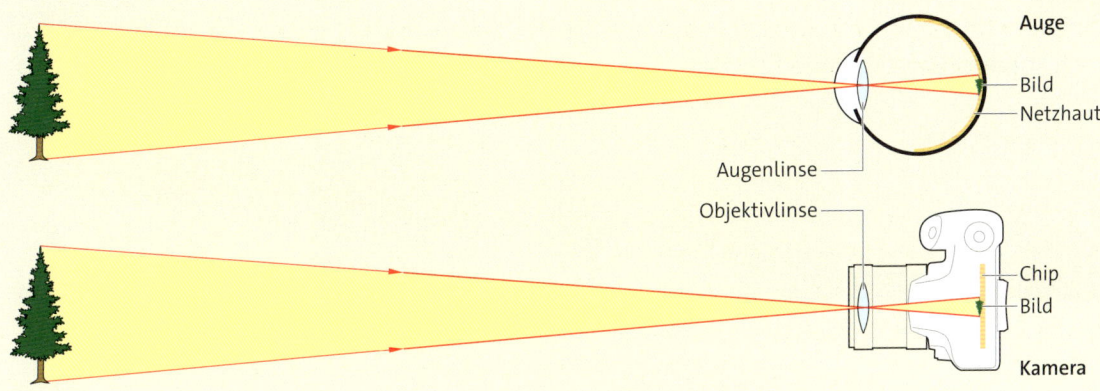

4 Ein Bild erzeugen – mit dem Auge und mit der Kamera (vereinfacht)

Bionik • Viele technische Geräte sind erfunden worden, weil Wissenschaftler die Natur als Vorbild genommen haben. Biologie und Technik kommen zusammen, man spricht
5 von Bionik – wie bei der Digitalkamera.

Auge – Kamera • Die Kamera ist im Prinzip ähnlich wie das Auge aufgebaut. → 4 Das Licht fällt durch eine Linse. Die Linse erzeugt ein Bild auf dem elektronischen Chip. → 5 Er
10 ist ähnlich wie ein Schachbrett aufgebaut und in viele Millionen winziger lichtempfindlicher Zellen aufgeteilt. → 6 Sie haben die gleiche

Funktion wie die Stäbchen und Zapfen auf der Netzhaut. Es gibt Zellen, die für Rot, Grün und
15 Blau besonders empfindlich sind. Ein Computer errechnet für jede Zelle einen Zahlenwert: Je nachdem wie hell die Zelle belichtet wird, ergibt sich eine andere Zahl. So wird die Bildinformation digitalisiert. Dann wird sie auf
20 einer Speicherkarte gespeichert.
Mit dem Computer kannst du Bildinformationen bearbeiten. Rote Augen oder Bildfehler durch Staub auf der Linse rechnet der Computer heraus. Er kann auch die Bildfarben etwas
25 verändern – ähnlich wie unser Gehirn.

5 Chip einer Digitalkamera

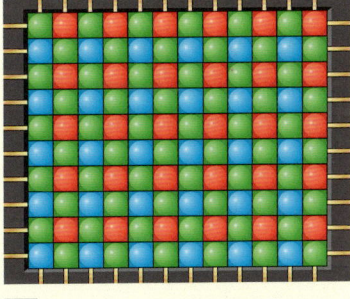

6 Zellen auf dem Chip (Prinzip)

Aufgaben

1 ◯ Beschreibe, was du unter Bionik verstehst.

2 ◗ Vergleiche den Aufbau von Digitalkamera und Auge (mit Gehirn) in einer Tabelle.

Unsichtbares Licht

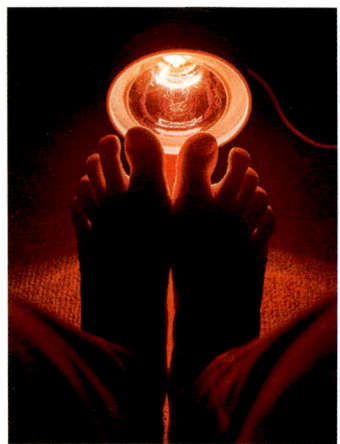

1 – 3 Das Spektrum des Lichts ist bei Rot und Violett nicht zu Ende.

Wir können Licht in den Farben von Rot bis Violett sehen. Diese Farben sind im Sonnenlicht enthalten. Das Sonnenlicht enthält aber noch mehr: Wir können
5 **dieses Licht zwar nicht sehen, aber unsere Haut reagiert darauf.**

Infrarotes Licht (IR) • Von der Sonne erreicht uns ein unsichtbares Licht, das wir mit dem Wärmesinn der Haut
10 spüren. Dieses wärmende Licht liegt im Spektrum der Sonne vor dem roten Licht. Man nennt es infrarotes Licht (lateinisch infra: unterhalb von). Auch eine Rotlichtlampe strahlt viel
15 infrarotes Licht ab und erwärmt dadurch unsere Haut. ➞ 1

Ultraviolettes Licht (UV) • Im Sonnenlicht ist ein weiteres unsichtbares Licht enthalten. Es ruft auf unserer Haut
20 rasch einen Sonnenbrand hervor. ➞ 3 Dieses Licht schließt sich im Spektrum an das violette Licht an. Man nennt es ultraviolettes Licht (lateinisch ultra: darüber hinaus). Obwohl das ultra-

25 violette Licht für uns Menschen nicht sichtbar ist, kann es die Augen schädigen. Daher sollte man bei grellem Sonnenlicht immer eine Sonnenbrille tragen. Die Haut kann man mit licht-
30 undurchlässiger Kleidung und einer Sonnencreme schützen.

UV- und IR-Licht – vielfältig genutzt • Die meisten Waschmittel sollen in unserer Kleidung „Weißmacher"
35 hinterlassen. Diese Stoffe wandeln UV-Licht in blauviolettes Licht um. Dadurch erscheint uns auch vergilbte Wäsche im Sonnenlicht wieder strahlend weiß. Die „Weißmacher" wirken
40 noch stärker, wenn du in der Disko direkt von einer „Schwarzlichtlampe" beleuchtet wirst. ➞ 4 Diese Lampen senden UV-Licht aus. Mit speziellen UV-Lampen lassen sich
45 Oberflächen reinigen. ➞ 5 Das UV-Licht tötet krank machende Keime ab. Auch Getränkeflaschen werden vor dem Befüllen mit UV-Licht keimfrei gemacht.

das ultraviolette Licht
das UV-Licht
das infrarote Licht
das IR-Licht

50 Das wärmende IR-Licht wird in der Medizin eingesetzt. → 1 IR-Lampen erwärmen die oberen Hautschichten und fördern so die Durchblutung von Haut und Muskeln darunter. Gelenk-
55 schmerzen und Erkältungen werden mit IR-Licht gelindert. IR-Lampen werden auch zur Behandlung von Pickeln und Akne eingesetzt. → 6
Viele Fernsteuerungen senden ihre Sig-
60 nale mit IR-Licht aus. → 7

> Das Sonnenlicht erhält infrarotes Licht und ultraviolettes Licht, die für uns unsichtbar sind.
> IR-Licht erwärmt unsere Haut, UV-Licht bräunt sie. UV-Licht kann Haut und Augen schädigen.

Aufgaben

1 ○ Nenne die unsichtbaren Bestandteile des Sonnenlichts.

2 ○ Beschreibe, wie wir unsichtbares Licht wahrnehmen können.

3 ○ Nenne Schutzmaßnahmen gegen schädliche Wirkungen von UV-Licht.

4 ◑ „Weißmacher" lassen vergilbte Wäsche wieder weiß erscheinen. Erkläre, wie das erreicht wird.

5 ◑ Lisa sagt: „UV-Licht ist sehr schädlich." Was meinst du dazu? Nimm Stellung.

4 5 UV-Licht: „Weißmacher" in der Disko – Reinigen von Nuckeln

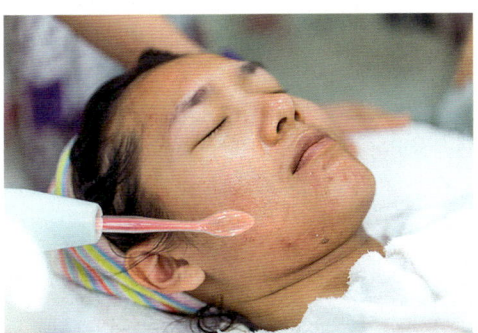 

6 7 IR-Licht: Akne behandeln – Fernsteuerung beim Fernseher

Unsichtbares Licht

Material A

Licht mit verschiedener Wirkung

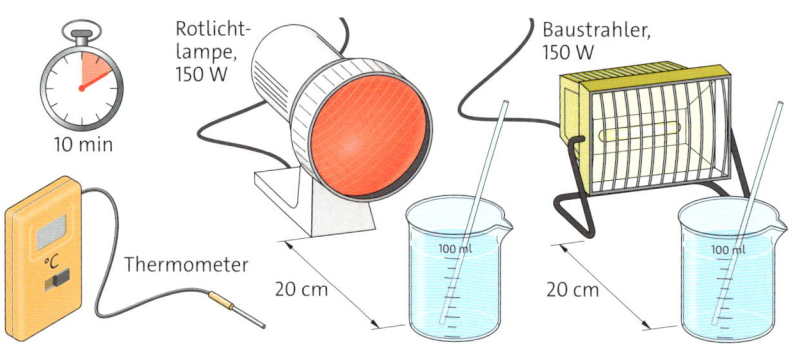

`1` Versuchsaufbau

Materialliste: Rotlichtlampe mit 150 W, Halogen-Baulampe mit 150 W, 2 Bechergläser, Wasser 200 mL, Digitalthermometer, Glasstab, Lineal

1 Wie gut erwärmen die Lampen das Wasser?

a ○ Füllt 100 mL Wasser in jedes Becherglas. Messt und notiert die Temperatur des Wassers.

b ○ Stellt ein Becherglas 20 cm vor die Baulampe.
→ `1` Stellt das andere 20 cm vor die Rotlichtlampe. Schaltet beide Lampen gleichzeitig an. Rührt das Wasser immer wieder um. Messt und notiert nach 10 Minuten die Wassertemperatur in jedem Glas.

c ◗ Vermutet, wie es zu dem Unterschied kommt.

Material B

„Weißmacher"

Materialliste: Schwarzlichtlampe, verschiedene weiße und farbige Wäschestücke (frisch gewaschen)

1 Leuchtet einen dunklen Raum mit der Schwarzlichtlampe aus.

a ○ Beschreibt, wie die Wäschestücke im „Schwarzlicht" aussehen. Was fällt euch auf?

b ○ Ordnet die Wäsche nach der Menge der enthaltenen „Weißmacher".

c ◗ Begründet eure Reihenfolge.

Material C

Wärmebild

1 ◗ Alle Gegenstände senden infrarotes Licht aus — je wärmer die Gegenstände sind, desto mehr. Eine Wärmebildkamera fängt das infrarote Licht auf und macht ein ungewöhnliches Foto der Gegenstände daraus. → `2` Die Farben entsprechen verschiedenen Temperaturen.

a Beschreibe genau, was im Wärmebild zu sehen ist. Gehe dabei auch auf die Temperaturen ein.

b 10 Minuten später ist die Suppe in der Schüssel abgekühlt. Wie würde das Wärmebild der Suppenschüssel jetzt aussehen? Skizziere es in deinem Heft.

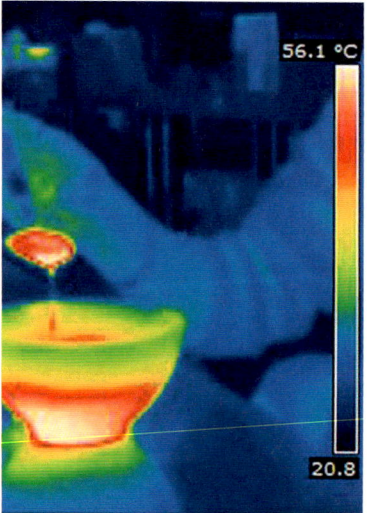

`2` Wärmebild

Material D

Der richtige Sonnenschutz

Materialliste: verschiedene Sonnencremes, Badeshirts mit UV-Schutz

1 Untersucht die Angaben auf Sonnencremes. → 3

a ○ Ordnet die Cremes nach ihrem Lichtschutzfaktor (LSF).

b ○ Beschreibt, wie sich die Wirkung einer Creme mit hohem LSF von einer Creme mit niedrigem LSF unterscheidet.

c Lichtschutzfaktor 10 bedeutet: Mit dieser Sonnencreme bist du 10-mal so lange geschützt wie ohne.

◖ Cem kann 10 Minuten lang ohne Gefahr Sonnenbaden. Berechne, wie lange er mit diesen Sonnencremes in der Sonne liegen kann:
- LSF 15
- LSF 50

2 ◖ Gestaltet ein Faltblatt für die Freibadzeit. Informiert über das UV-Licht im Sonnenlicht und über seine schädlichen Wirkungen. Gebt Tipps zum gesunden Verhalten.

UPF: UV-Schutzfaktor

3 Etiketten von Sonnencremes und einem Badeshirt

Material E

4 Cyanotypie: Pflanzen zeichnen Bilder auf blauem Grund.

UV macht Blau

Materialliste: Papier für Cyanotypie, Pappe, Glasplatte, Pflanzen, UV-Lampe, Wasserbad

1 ◖ Legt das Papier im dunklen Raum auf die Pappe. Legt die Pflanzen schön darauf zurecht. Deckt sie mit der Glasplatte ab. Belichtet das Pflanzenbild 15 min mit Sonnenlicht oder der UV-Lampe. Legt das Papier dann ins Wasserbad und beobachtet.

Unsichtbares Licht

Erweitern und Vertiefen

Farben sehen in der Tierwelt

1 Biene im Anflug auf eine Sumpfdotterblume

2 Sumpfdotterblume – für uns und für die Biene

Vögel und Bienen • Viele Vögel und einige Insekten sehen die Welt farbiger als wir Menschen. Sie nehmen oft auch UV-Licht wahr. Für Vögel und Insekten spielen grelle Farben
5 zum Beispiel eine Rolle bei der Partnersuche. Bienen nehmen kein rotes oder gelbes Licht wahr, dafür aber UV-Licht. Die Blüte der Sumpfdotterblume erscheint uns einfarbig gelb. ➔ 1 Für eine Biene ist sie zweifarbig
10 und weist ein Muster auf, das ihr den Weg zum Nektar zeigt. ➔ 2

Hunde und Katzen • Sie können weniger Farben unterscheiden als wir Menschen, weil sie nur zwei Zapfenarten in der Netzhaut haben.
15 Katzen sehen aber im Dunkeln besser als wir.

Wale • Für Delfine und andere Wale ist das Meer nicht blau. Ihnen fehlen Sehsinneszellen für blaues Licht. Sie sehen die Welt ähnlich wie ein Mensch mit Farbsehschwäche.

20 **Rekord** • Der beste Farbenseher im Tierreich ist der Fangschreckenkrebs. ➔ 3 Seine beiden großen Augen bestehen aus mehr als 10 000 Einzelaugen. Mit seinen 12 verschie-

denen Zapfenarten kann der Krebs über
25 100 000 Farben unterscheiden. Dabei kann er Farben filtern und verstärken.

Aufgaben

1 ◯ Beschreibe, wie eine Biene eine gelbe Blumenblüte sieht.

2 ◖ Erkläre, warum es wichtig ist, dass die Bienen UV-Licht sehen können.

3 ◖ Beschreibe, wie Delfine das Meer sehen. Erkläre, warum sie es anders sehen als wir Menschen.

3 Fangschreckenkrebs

Die Farben des Chamäleons

Pantherchamäleon • Das Chamäleon ist eine Echse. Es gibt viele verschiedene Arten von Chamäleons. Die meisten leben in Madagaskar, einer großen Insel vor Afrika. Auch das
5 Pantherchamäleon lebt dort. → 4 5 Es kann seine Hautfarbe in Sekundenschnelle ändern. Dadurch kann das Tier mit Artgenossen kommunizieren oder sich tarnen.

Farbwechsel • Forscher haben erst im Jahr 2015
10 entdeckt, wie das Pantherchamäleon seine Farbe von Grün nach Gelb ändert. Dafür sind zwei Schichten in der Haut verantwortlich:
• In der oberen Hautschicht sind gelbe Farbteilchen (Pigmente). Sie absorbieren blaues
15 Licht. Das gestreute Licht erscheint gelb.
• In einer tieferen Hautschicht sind winzige bewegliche Kristalle. Beim entspannten Chamäleon liegen die Kristalle dicht zusammen. Die Hautschicht wirft jetzt blaues Licht
20 zurück. Zusammen mit dem gelben Streulicht der oberen Hautschicht entsteht der Farbeindruck Grün. → 4 Wenn das Chamäleon aufgeregt ist, sind die Abstände zwischen den Kristallen größer. Jetzt wirft die
25 Hautschicht gelbes Licht zurück. Zusammen mit dem gelben Streulicht der oberen Hautschicht entsteht ein gelber Farbeindruck der Haut. → 5 Bei manchen Chamäleons erscheinen außerdem die roten Punkte heller,
30 wenn sie aufgeregt sind.
Eine noch tiefere Hautschicht wirft IR-Licht zurück. Sie dient dem Tier als „Sonnenschutz", weil sie verhindert, dass sich der Körper zu sehr aufheizt.

4 Entspanntes Pantherchamäleon

5 Aufgeregtes Pantherchamäleon

Aufgaben

1 ○ Ein entspanntes Pantherchamäleon sieht überwiegend grün aus. Beschreibe, wie sich seine Farbe bei Aufregung ändert.

2 ◐ Beschreibe, wie sich die Anordnung der Kristalle in der Haut bei einem entspannten und einem aufgeregten Pantherchamäleon unterscheidet.

3 ● Erkläre, wie der „Sonnenschutz" des Pantherchamäleons funktioniert.

Farbstoffe machen unser Leben bunt

1 | Welche Rolle spielt Farbe für unser Leben?

Materialien zur Erarbeitung: C, G

Was wäre die Welt ohne Farbstoffe? Unser Outfit wäre langweilig. Und bei Lebensmitteln sagt man nicht umsonst: Das Auge isst mit!

5 Woher kommen diese Stoffe, die unser Leben so bunt machen?

Von natürlichen Farbstoffen ... • Menschen haben bereits vor rund 30 000 Jahren Tiere an die Wände von Höhlen
10 gemalt. → 2 Die Farben enthielten zum Beispiel Ocker und Holzkohle. Später wurden auch Kleidungsstücke gefärbt. Farbstoffe aus Pflanzen waren sehr gefragt. → 3 – 6 Gelb wurde
15 zum Beispiel aus Krokusblüten (Safran) gewonnen, Rot aus Roter Bete, Blau aus den Blättern des Färberwaids und Grün aus Spinat.

Auch Tiere dienten als Farbstoffquelle.
20 Besonders bekannt sind das Purpurrot aus Schnecken und das Karminrot aus Läusen. Die Farbstoffe wurden aus den Pflanzen und Tieren durch flüssige Lösemittel herausgelöst. Dieses Verfah-
25 ren wird Extraktion genannt.

... über künstliche Farbstoffe ... • Im Jahr 1856 versuchte der 18-jährige Student William Henry Perkin im Labor eine Medizin gegen Fieber herzustellen.
30 Nach langer Arbeit hielt er aber keine Medizin, sondern den ersten im Labor hergestellten Farbstoff in den Händen: das violette Mauvein (sprich: Moh-weh-ihn). Dieser künstliche Farbstoff entwi-
35 ckelte sich rasch zu einem Renner in der Modewelt. → 7

2 | Malerei in der Chauvet-Höhle

3 | Krokusblüten und Safranfäden

4 | Rote Bete

Mit der Zeit gelang es, immer neue künstliche Farbstoffe im Labor herzustellen. Sie überzeugten vor allem
40 durch ihren niedrigen Preis und ihre lange Beständigkeit. So verdrängten sie natürliche Farbstoffe fast ganz vom Markt. Mit künstlichen Farbstoffen färbte man nicht nur Kleidung,
45 sondern auch Lebensmittel. ➞ 8

8 Bunte Gummibärchen

... zurück zu natürlichen Farbstoffen •
Beim Herstellen von künstlichen Farbstoffen können giftige Stoffe entstehen. Außerdem reagieren immer mehr
50 Menschen allergisch auf künstliche Farbstoffe. ➞ 9 Seit einigen Jahren greift man deshalb wieder stärker auf natürliche Farbstoffe zurück. Farbstoffe in Lebensmitteln müssen
55 mit E-Nummern gekennzeichnet werden. ➞ 10 So können wir erkennen, welche Farbstoffe enthalten sind. E 104 ist zum Beispiel der künstliche Farbstoff Chinolingelb. Er darf nur in ganz
60 geringen Mengen eingesetzt werden.

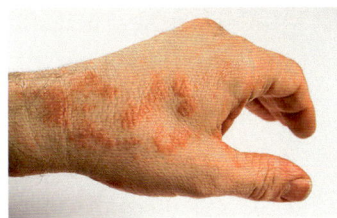

9 Allergische Hautreaktion

10 Zutaten von „Süßkram"

> Farbstoffe machen unser Leben bunt, können aber auch schädliche Wirkungen haben. Natürliche Farbstoffe werden aus Naturstoffen extrahiert. Künstliche Farbstoffe werden im Labor hergestellt.

Aufgaben

1 ◯ Nenne das Verfahren, mit dem natürliche Farbstoffe aus Pflanzen und Tieren gewonnen werden.

2 ◯ Nenne zwei Gründe, warum künstliche Farbstoffe für einige Zeit natürliche Farbstoffe verdrängt haben.

3 ◯ Künstliche Farbstoffe werden heute wieder durch natürliche Farbstoffe ersetzt. Gib zwei Gründe dafür an.

5 Färberwaid

6 Spinat

7 Mauvein: Schal von 1862

Farbstoffe machen unser Leben bunt

Echtes Karmin – eine Laus gibt Rot

Noch heute finden wir Echtes Karmin in Konfitüren, Süßigkeiten, Fruchtzubereitungen für Joghurts, als essbaren Farbüberzug von Käse und in alkoholischen Getränken.

1 ○ Drei Texte – drei Bilder: Ordne sie einander zu!

Der rote Farbstoff Echtes Karmin (E 120) wird aus weiblichen Cochenille-Schildläusen gewonnen. Sie werden getrocknet und mit Chemikalien behandelt. 1 kg Läuse ergibt 50 g Farbstoff.

Lippenstifte zum Selbermachen waren in den 1980er Jahren angesagt. In einigen Rezepten wurde neben pflegendem Bienenwachs und Carnaubawachs eine Messerspitze Karmin verwendet. Auch das Rot von industriellen Lippenstiften stammte oft von Schildläusen.

A

B

C

1

2

3

Höhlenmalerei

Höhlenmaler stellten Farben aus fein gemahlenem Gestein her. Gestein mit Eisen liefert gelbe oder rote Farben, Mangan ergibt Schwarz und Kalk Weiß. Als Bindemittel wurden Fette, Pflanzensäfte und sogar Blut verwendet.
Ocker wird in Steinbrüchen abgebaut und kommt in Gelb, Rot oder Braun vor.

Auf den Spuren unserer Vorfahren kannst du selbst zum „Höhlenmaler" werden.

Materialliste: Holzbrett, Pinsel, Tüpfelplatte, Leinöl oder Sonnenblumenöl, Zahnstocher, kleiner Spatel, Eisenoxidpulver (Fe_2O_3), Mangandioxidpulver (MnO_2) ⬥ ⚠

1 ○ Stelle Farben her. → 4
Male auf dem Holzbrett.

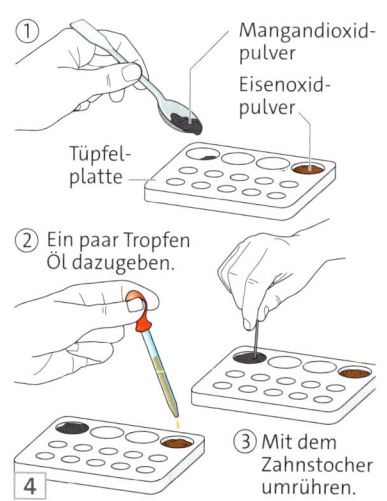

① Mangandioxidpulver
Eisenoxidpulver
Tüpfelplatte

② Ein paar Tropfen Öl dazugeben.

③ Mit dem Zahnstocher umrühren.

4

Material C

Natürliche Farbstoffe gewinnen (Extraktion)

Farbstoffe aus Pflanzen zählen zu den natürlichen Farbstoffen. Die Pflanzen werden zunächst zerkleinert. Dann werden die Farbstoffe mit einer Flüssigkeit herausgelöst. Der Chemiker sagt: Der Farbstoff wird extrahiert.

Materialliste: Schneidebrett, Einmalhandschuhe, Messer, Mörser, Pistill, Reagenzgläser mit Gummistopfen; Pflanzen: Möhrengrün, Möhren, gekochte Rote Bete, Himbeeren (auch tiefgefroren); Lösemittel: Wasser, Sonnenblumenöl, Brennspiritus

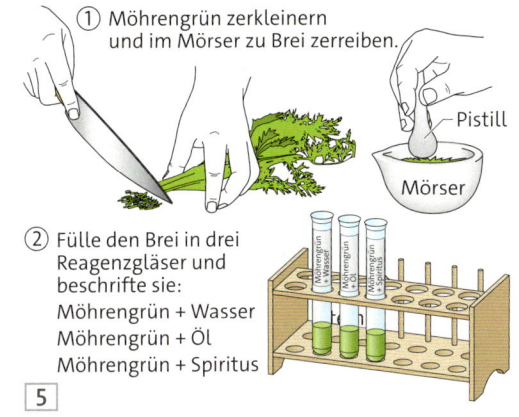

① Möhrengrün zerkleinern und im Mörser zu Brei zerreiben.

Pistill

Mörser

② Fülle den Brei in drei Reagenzgläser und beschrifte sie:
Möhrengrün + Wasser
Möhrengrün + Öl
Möhrengrün + Spiritus

5

③ Gib in die Reagenzgläser etwa drei Fingerbreit des jeweiligen Lösemittels.

④ Mit Gummistopfen verschließen und 1 min lang kräftig schütteln (Stopfen festhalten).

Pflanzen(-teil)	Wasser	Sonnenblumenöl	Brennspiritus
Möhrengrün	?	?	?

6   ++: Färbung sehr intensiv; +: Färbung schwächer; 0: keine Färbung

1 Extrahiere den Farbstoff von Möhrengrün. → 5 Notiere, wie gut die Lösemittel wirken. → 6

2 Verfahre mit den anderen Pflanzen(-teilen) genauso. Gib jeweils an, welches Lösemittel am besten wirkt.

Material D

Eier färben – mit selbst gewonnenen Farbstoffen

Materialliste: Heizplatte, Messer, Brettchen, Mörser, Pistill, Waage, Bechergläser 250 mL, Filter, Filterpapier; 10 g Möhrengrün; weißes Ei; Wasser, Alaun, Essigessenz

1 Möhrengrün
a Zerkleinere das Möhrengrün mit dem Messer. Zerreibe es dann im Mörser mit dem Pistill.
b Gib 150 mL Wasser zum Brei. Lass alles mindestens eine Stunde lang stehen. Filtriere die Lösung anschließend.
c Lege das Ei 10 Minuten lang in Essigessenz. Spüle es anschließend mit Wasser ab.
d Fülle 150 mL Filtrat in ein Becherglas. Gib das angestochene Ei und einen Teelöffel Alaun hinzu. Was stellst du fest? Beschreibe deine Beobachtungen.
e Koche das Ei in der grünen Lösung 10 Minuten lang. Lass das Ei im Sud abkühlen. Schau die Eierschale an.

2 Färbe Eier mit Himbeeren, Zwiebelschalen ... Verändere die Versuchsbedingungen (Menge, Zeit) – Essigessenz und Alaun müssen aber immer dabei sein.

Farbstoffe machen unser Leben bunt

Rotkohl als Indikator

Zitronensaft und Essig schmecken sauer – sie sind Säuren. Flüssigseife und flüssiger Rohrreiniger sind Laugen. Im Labor ist es oft wichtig zu wissen, ob man eine Säure oder eine Lauge vor sich hat. Prüfen durch Schmecken ist aber streng verboten! Säuren und Laugen lassen sich mit Farbstoffen anzeigen. Man nennt sie Indikatoren. Ein sehr guter Indikator lässt sich aus Rotkohl extrahieren. → 1

Materialliste: Rotkohl; Messer, Schneidebrett, Einmalhandschuhe, 7 Reagenzgläser, Reagenzglasständer, Glasstab, Becherglas 400 mL, Wasserkocher, Filter, Filterpapier; Wasser, Zitronensaft, Haushaltsessig, Flüssigseife, flüssiger Rohrreiniger, Kaisernatronlösung, Vollwaschmittellösung

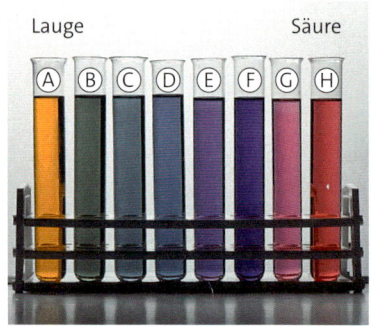

1 Rotkohlextrakt als Indikator

1 ○ Indikator herstellen
a Schneide den Rotkohl in kleine Stücke. Gib eine Handvoll in das Becherglas.
b Gieße 150 mL heißes Wasser darüber. Rühre 5 Minuten lang mit dem Glasstab um.
c Filtriere die Lösung ab.

2 ◗ Indikator anwenden
a Fülle in jedes Reagenzglas einen Fingerbreit des Rotkohlextrakts.
b Ergänze jeweils drei Fingerbreit Zitronensaft, Essig, Wasser ... und schüttle.
c Beobachte die Farben der Lösungen. Vergleiche mit der Farbskala. → 1

Farben „schmecken"

Gummibärchen sind grün, orange, gelb und rot. Mit jeder Farbe wird ein typischer Geschmack in Verbindung gebracht. Findet heraus, ob ihr das auch so empfindet.

Materialliste: 5 farblose Getränke mit Geschmack (Beispiele: Pfirsich, Himbeere, Zitrone, Apfel, Erdbeere), durchsichtige Einwegbecher, Lebensmittelfarben, Trinkhalme

1 ○ Getränke verkosten
a Einer bereitet den Test vor:
   • Becher nummerieren
   • Lebensmittelfarben in die Becher tropfen
   • Getränk eingießen
   Tipp: Geschmack und Farben ungewöhnlich kombinieren – zum Beispiel Orangengeschmack und blaue Farbe.
b Die anderen probieren die vorbereiteten Getränke mit einem Trinkhalm. Dabei dürft ihr nicht über eure Eindrücke sprechen! Notiert jeweils die Bechernummern und Geschmacksrichtungen.

2 ○ Führt einen zweiten Test mit einer Vergleichsgruppe durch – hier sollen aber Farben und Geschmacksrichtungen übereinstimmen.

3 ◗ Vergleicht eure Ergebnisse. Beschreibt eure Sinneseindrücke während der Verkostung.
Nennt Gründe, warum Hersteller Getränke färben.

Eine bunte Party

Kyra und Max feiern Geburtstag mit ihren Freunden. Sie wollen alles richtig machen:
- Marlena, Kyras beste Freundin, reagiert allergisch auf einen Farbstoff und bekommt dann immer Hautausschlag!
- Marvin kann sich kaum konzentrieren, wenn er etwas mit einem bestimmten Farbstoff gegessen oder getrunken hat.

Kyra und Max schauen beim Einkaufen im Supermarkt genau auf die Zutatenlisten:
- Käse: E 160a
- Bunte Schokodragees: E 100, E 133, E 160a, E 162, E 171, E 172
- Regenbogen-Bonbons: E 100, E 120, E 132

- Energydrink: E 163, E 150d
- Isodrink, grün: E 141, E 160a
- Isodrink, rot: E 122
- Isodrink, blau: E 133

1 ◐ Berate Kyra und Max. → 2

2 ● Kyra kauft den roten Isodrink. Finde Argumente für und gegen ihre Kaufentscheidung.

Farbstoff	Inhalt	Farbe	Herstellung	Sicherheit
E 100	Kurkumin	Gelb	künstlich im Labor oder aus der Kurkumawurzel	unbedenklich, selten allergische Reaktionen
E 120	Echtes Karmin	Rot	aus einer Läuseart	selten allergische Reaktionen
E 122	Azorubin	Rot	künstlich im Labor	Haut und Atemwege reagieren allergisch; Lebensmittel mit E 122 müssen eine Aufschrift tragen: „kann Aktivität und Aufmerksamkeit bei Kindern beeinträchtigen"
E 131	Patentblau	Blau	künstlich im Labor	unbedenklich, wird vom Körper unverändert ausgeschieden
E 132	Indigotin	Dunkelblau	künstlich im Labor	unbedenklich, wird vom Körper unverändert ausgeschieden
E 133	Brillantblau	Blau	künstlich im Labor	unbedenklich, wird vom Körper unverändert ausgeschieden
E 141	Kupferkomplexe der Chlorophylle	Grün	aus Blattgrün (Chlorophyll)	unbedenklich
E 150d	Zuckercouleur	Braun	aus Haushaltszucker, durch Erhitzen	unbedenklich
E 160a	Carotin	Gelborange	natürlich oder künstlich im Labor	unbedenklich bei Einhalten des täglichen Grenzwerts
E 162	Betanin	Rot	aus roten Rüben (Rote Bete)	unbedenklich
E 163	Antocyane	Rot, Blau, Violett	aus schwarzem Mais oder roten Trauben	unbedenklich
E 172	Eisenoxid	Gelb, Rot, Schwarz	künstlich im Labor	unbedenklich

2 Einige Lebensmittelfarbstoffe und ihre E-Nummern

Farbstoffe trennen – Chromatografie

Sommer   Herbst

1 – 3 Herbstlaub und Chromatogramme von Blättern

Material zur
Erarbeitung: A

Im Sommer waren die Blätter noch grün. Entstehen im Herbst neue Pflanzenfarbstoffe? Oder hatten sich die gelben und roten Farbstoffe nur „versteckt"?

5 **Chromatografie** • Um die Farbstoffe in den Blättern zu untersuchen, extrahiert man sie aus den Blättern. Ein Tropfen Extrakt wird auf ein Filterpapier gegeben. Das Lösemittel breitet sich im
10 Filterpapier aus. Dabei nimmt es die einzelnen Farbstoffe verschieden weit mit. So entstehen unterschiedliche farbige Bereiche. → 2 3

Dieses Trennverfahren heißt Chroma-
15 tografie („Farbenschreiber"). Das Bild mit den farbigen Bereichen nennt man Chromatogramm.

Beschreibung mit Teilchen • Wir stellen uns vor, dass alle Stoffe aus Teilchen
20 bestehen. Die Teilchen der Farbstoffe werden im Filterpapier von den Teilchen des Lösemittels mitgenommen – aber nicht alle gleich gut. → 4

Blattgrün • Die Blätter von Laubbäu-
25 men enthalten ein Farbstoffgemisch. Im Sommer überwiegen die kräftig grünen Chlorophylle. Im Herbst zersetzen sie sich. Dann treten die gelben und orangen Farbstoffe hervor, die auch im
30 Sommer schon vorhanden waren.

> Farbstoffgemische lassen sich mit der Chromatografie auftrennen.

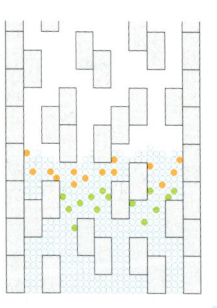

Jeder Farbstoff besteht aus anderen Teilchen. Sie haften verschieden stark an den Teilchen des Filterpapiers.

Die Lösemittelteilchen breiten sich aus. Die Farbstoffteilchen bewegen sich verschieden schnell mit.

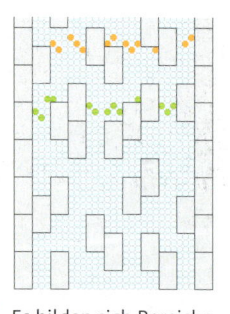

Es bilden sich Bereiche, die jeweils nur Teilchen eines Farbstoffs enthalten.

4 Chromatografie in der Teilchenvorstellung

Aufgaben

1 ○ Nenne mehrere Trennverfahren, die du im Unterricht bereits kennengelernt hast.

2 ○ Beschreibe, welche Farben die Farbstoffe in den grünen Blättern haben. → 2

3 ◖ Erkläre, wie der obere grüne Streifen auf dem Chromatogramm entsteht. → 2

Material A

Chromatografieren

Materialliste: grüne Blätter, Schere oder Messer, Mörser

mit Pistill, Spatel, Quarzsand, Brennspiritus ⬦ ⚠, Tropfpipette, Filterpapier (Rundfilter), Becherglas

1 ◖ Trenne die Farbstoffe in grünen Blättern voneinander. → [5]

① Grüne Blätter klein schneiden. Gib eine Handvoll davon in den Mörser.

② Einen Spatel Quarzsand und 2–3 mL Spiritus zufügen.

③ Inhalt des Mörsers kräftig zerreiben, bis eine Lösung mit intensiver Farbe entsteht.

④ Gib einen Tropfen der Farbstofflösung mit der Tropfpipette in die Mitte des Rundfilters.

Rundfilter
Becherglas

⑤ Warte, bis der Tropfen ganz aufgesaugt ist. Gib dann einen weiteren Tropfen zu.

⑥ Wiederhole den Schritt 5 so oft, bis auf dem Rundfilter deutlich verschiedene Farbkreise zu sehen sind.

[5] Anleitung für die Chromatografie

Material B

Das Chromatografie-Spiel

[6] Spielfeld

1 ◖ Im Spiel machen wir die Teilchen „sichtbar":
  • Blaue Spielfiguren stellen die Lösemittelteilchen dar.
  • Rote und grüne Spielfiguren stehen für Teilchen verschiedener Farbstoffe.

a Übertrage das Spielfeld in dein Heft. → [6] Jeder Spieler erhält eine blaue, eine rote und eine grüne Spielfigur.

b Nun wird reihum gewürfelt. Bei jedem Wurf gelten die folgenden Regeln:

  • Die blaue Figur des Würfelnden wird bei jeder Zahl um ein Feld weitergerückt.
  • Seine grüne Spielfigur wird nur bei einer 1 oder einer 2 um ein Feld weitergerückt.
  • Seine rote Spielfigur wird bei einer 1, 2, 3 oder 4 um ein Feld weitergerückt.

c Würfelt, bis alle blauen Figuren das letzte Feld erreicht haben. Beschreibt jetzt die Verteilung der Spielfiguren auf dem Spielfeld. Vergleicht mit der Chromatografie.

Farben

Zusammenfassung

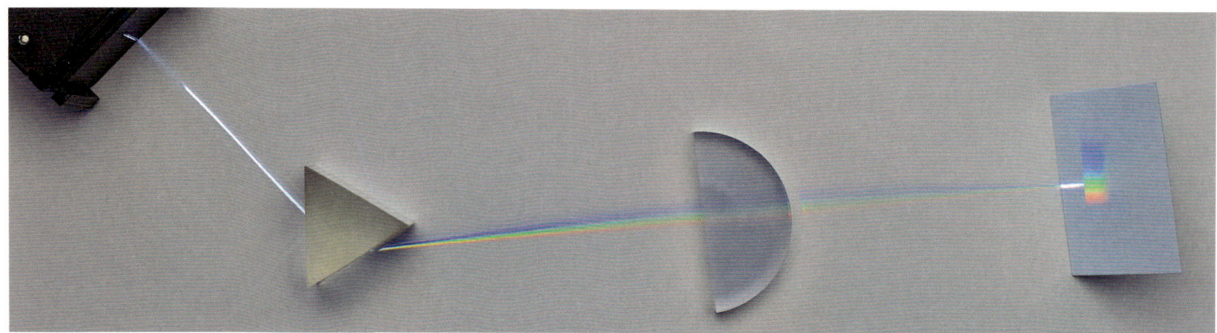

1 | Weißes Licht wird vom Prisma aufgetrennt und von der Sammellinse wieder zusammengeführt.

Weiß ist farbig • Weißes Licht kann mit dem Prisma in viele Farben zerlegt werden. → 1 2 Diese Farben lassen sich mit der Sammellinse wieder zu weißem Licht zusammenführen.

Rot   Orange   Gelb   Grün   Blau   Violett

2 | Sichtbares Spektrum des Sonnenlichts

Farbaddition • Wenn sich Licht verschiedener Farben mischt, entstehen für uns neue Farbeindrücke.
Displays erzeugen alle Farbeindrücke mit rotem, grünem und blauem Licht (RGB) in unterschiedlichen Helligkeiten. → 3

Farbsubtraktion • Ein farbiger Gegenstand absorbiert einige Farben des weißen Lichts und streut die anderen. Die Farben des Streulichts mischen sich zum Farbeindruck des Gegenstands. Mit Cyan, Magenta, Gelb und Schwarz (CMYK) erzeugen Drucker alle Farbeindrücke. → 4

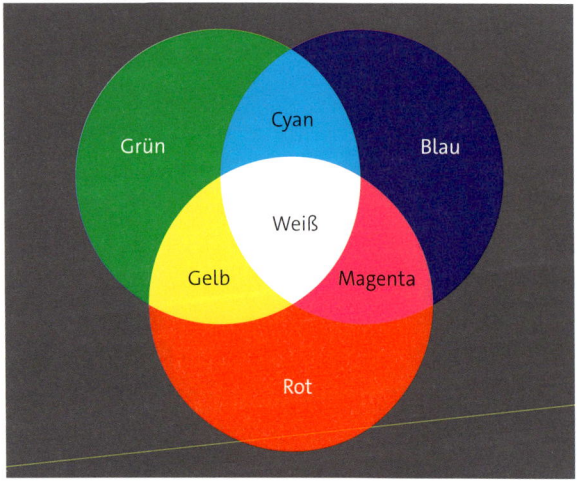

3 | Farbaddition von farbigem Licht

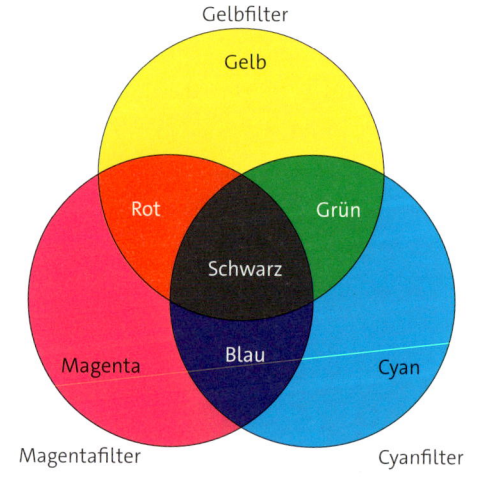

4 | Farbsubtraktion von weißem Licht

Farben sehen • Die Stäbchen in der Netzhaut unserer Augen reagieren auf Helligkeit. → 5 Drei Arten von Zapfen unterscheiden rotes, grünes und blaues Licht. Sie sind ungleich verteilt. Wir sehen verschiedene Farben unterschiedlich gut.

Unser Gehirn verarbeitet die Informationen von den Zapfen zu einem Farbeindruck. Wenn verschiedene Farbzapfen gleichzeitig gereizt werden, sehen wir eine Mischfarbe. Dabei können Eindrücke von Farben entstehen, die nicht vorhanden sind. → 6

Wenn eine oder mehrere Sorten von Farbzapfen nicht richtig funktionieren, werden die Farbeindrücke verändert. Man kann dann zum Beispiel Rot und Grün nicht unterscheiden. → 7

Unsichtbares Licht • Das Sonnenlicht enthält zwei Anteile, die für uns unsichtbar sind:
• Infrarotes Licht erwärmt die Haut.
• Ultraviolettes Licht bräunt die Haut. UV-Licht kann Haut und Augen schädigen.

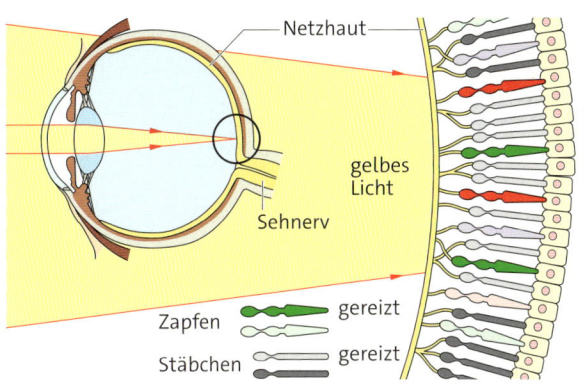

5 Aufbau der Netzhaut (vereinfacht)

6 Braun (CMYK)

7 Rot-Grün-Schwäche

Farbstoffe • Farbstoffe machen unser Leben bunt, können aber auch schädlich wirken. → 8 9 Natürliche Farbstoffe werden aus Naturstoffen extrahiert. → 10 Künstliche Farbstoffe werden im Labor hergestellt. Farbstoffgemische lassen sich durch Chromatografie auftrennen.

8 Gefärbt

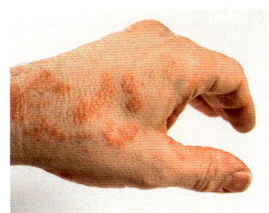

9 Allergische Reaktion

10 Chromatografie

Farben

1 ◯ Welche Farben sieht man auf dem Schirm? → 1 Schreibe sie bei Rot beginnend auf.

2 ◯ Nenne die Grundfarben: → 2
a beim Display
b beim Drucker

3 ◐ Beschreibe, wie der Farbeindruck Rot entsteht: → 2
a beim Display
b beim Drucker

4 ◐ Von den folgenden Sätzen sind einige richtig und einige falsch:
  • Das Spektrum von weißem Licht sieht immer gleich aus.
  • Bei der Farbaddition kann man aus Rot, Grün und Blau alle anderen Farben mischen.
  • Ein Drucker besitzt die Farbpatronen Rot, Grün und Blau.
  • Je mehr Farben man bei der Farbaddition mischt, desto heller wird das Mischlicht.
  • Je mehr Farben man bei der Farbsubtraktion absorbiert, desto heller wird das Mischlicht.
a Schreibe die richtigen Sätze in dein Heft.
b Berichtige die falschen Sätze.

5 ◐ Ein Apfel sieht im Kerzenlicht rot aus.
a Erkläre den Farbeindruck. Beschreibe dazu:
  • den Weg des Lichts von der Kerze über den Apfel bis zum Auge
  • die Reaktion auf das Licht in der Netzhaut
b Jens hat eine Rot-Grün-Sehschwäche. Beschreibe und erkläre, wie er den Apfel sieht.

6 ◐ Weißes Licht fällt durch einen Cyanfilter auf eine rote Blüte. → 3 Beschreibe und erkläre, in welcher Farbe wir die Blüte sehen.

7 ● Vor die Lampe wird jetzt ein Gelbfilter gehalten. → 1 Beschreibe und erkläre, was nun auf dem Schirm zu sehen ist.

8 ◑ Mit dem Farbkreisel kann man Eindrücke von Farben erzeugen, die es auf dem Kreisel gar nicht gibt. → 4 Erkläre, wie es zu diesen Farbeindrücken kommt.

9 ◯ Beschreibe, wie wir IR-Licht und UV-Licht wahrnehmen.

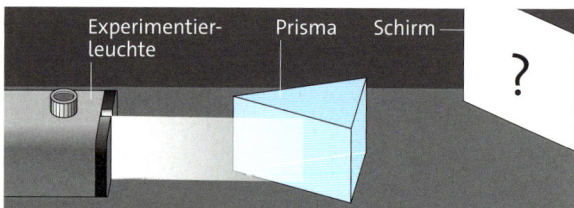

1 Weißes Licht wird aufgetrennt.

2 Wie entstehen die Farben?

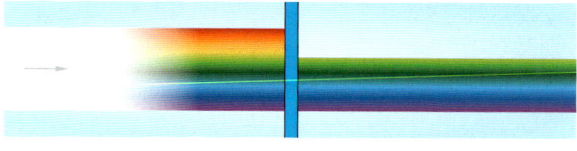

3 Cyanfilter

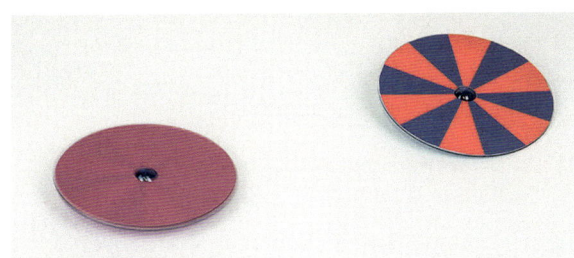

4 Farbkreisel in Aktion

5 Höhlenmalerei

6 Echtes Karmin

10 ○ Nenne zwei Gesteine, aus denen Farben zur Höhlenmalerei hergestellt wurden. → 5

11 ○ Gib an, aus welchem Tier der Farbstoff Echtes Karmin gewonnen wird. → 6

12 ◑ Du hast Pflanzen(-teile) und Lösemittel:
• Himbeeren, Möhrengrün, Rote Bete
• Wasser, Sonnenblumenöl, Spiritus
Gib jeweils an, mit welcher Kombination sich die natürlichen Farbstoffe gut extrahieren lassen.

13 ◑ Sind Essig, Wasser und flüssiger Rohrreiniger Säuren oder Laugen?
a Beschreibe genau, wie du es mit Rotkohl feststellen kannst.
b Gib an, welche Ergebnisse du erwartest.

14 ● Ein Künstler ist für seine „Black Pictures" berühmt. → 7 Er malt geheimnisvolle Schlösser und Burgen – immer mit den gleichen wasserloslichen Stiften. Mit diesen Stiften signiert er auch seine Gemälde.
Einem Museumsdirektor ist es aufgefallen, dass ein Bild nicht signiert ist. Ein Labor soll die Echtheit des Gemäldes überprüfen. Dafür erhält es einen kleinen Schnipsel des Bilds. Außerdem bekommt das Labor einen schwarzen Stift des Künstlers. Bei diesen Stiften besteht das Schwarz immer aus demselben Farbstoffgemisch.
a Plane einen Versuch, der zeigt, ob es sich bei dem Bild um eine Fälschung handelt.
b Schreibe einen Brief an den Museumsdirektor. Beschreibe genau, wie du die Echtheit des Bilds überprüfen würdest.

7 Black Picture im Museum

Anhang

Lösungen der Testaufgaben

1 Spektralfarben: Rot, Orange, Gelb, Grün, Blau, Violett

2 a Grundfarben beim Display (Farbaddition): Rot, Grün, Blau (RGB)
b Grundfarben beim Drucker (Farbsubtraktion): Cyan, Magenta, Gelb, Schwarz (CMYK)

3 a Display: In den Pixeln sind nur die roten Leuchtstreifen eingeschaltet.
b Drucker: Punkte mit den Farben Magenta und Gelb werden dicht bei- oder übereinander gedruckt.

4 a Richtig:
Bei der Farbaddition kann man aus Rot, Grün und Blau alle anderen Farben mischen.
Je mehr Farben man bei der Farbaddition mischt, desto heller wird das Mischlicht.
b Berichtigt:
Das Spektrum von weißem Licht kann verschieden aussehen (Beispiele: Halogenlampe, Energiesparlampe).
Ein Drucker besitzt die Farbpatronen Cyan, Magenta, Gelb und Schwarz.
Je mehr Farben man bei der Farbsubtraktion absorbiert, desto dunkler (schwächer) wird das Mischlicht.

5 a Licht geht von der Kerze zum Apfel. Der Apfel streut rotes Licht und absorbiert den Rest. Das rote Licht dringt ins Auge ein und fällt auf die Netzhaut. Dort reizt es „Rotzapfen" und Stäbchen. Sie senden daraufhin Signale über den Sehnerv ans Gehirn.
b Jens sieht den Apfel dunkelgrau. Bei ihm werden nur die Stäbchen gereizt (Hell-Dunkel-Sehen).

6 Wir sehen die Blüte dunkelgrau bis schwarz. Durch den Filter gelangt kein rotes Licht auf die Blüte. Sie absorbiert das Licht und streut es nicht.

7 Der Gelbfilter lässt rotes, gelbes und grünes Licht durch. Das Spektrum auf der Wand zeigt nur noch diese Farben.

8 Die Zapfen in der Netzhaut werden vom Streulicht des Farbkreisels gereizt. Sie senden ihre Farbinformationen an das Gehirn. Diese Informationen wechseln sehr rasch. Das Gehirn kann sie nicht so schnell verarbeiten. Es erkennt statt der einzelnen Farben eine Mischfarbe.

9 IR-Licht wärmt die Haut, UV-Licht bräunt sie.

10 Höhlenmalerei: Gesteine mit Eisen, Mangan und Kalk; außerdem Holzkohle (und Kohle)

11 Echtes Karmin wird aus den weiblichen Cochenille-Schildläusen gewonnen.

12 Himbeeren – Sonnenblumenöl, Möhrengrün – Brennspiritus, Rote Bete – Wasser

13 a Rotkohlextrakt als Indikator wird wie im Material E auf Seite 38 hergestellt.
b Erwartete Ergebnisse: Essig – rot (Säure), Wasser – blau (neutral), Rohrreiniger – gelb (Lauge)

14 a Wenn das Farbstoffgemisch im Gemälde ein anderes ist als im Stift, ist das Gemälde eine Fälschung. Die Farbstoffgemische werden durch Chromatografie aufgetrennt:
Mit dem Stift wird ein dicker Punkt auf ein Filterpapier gemalt. Dann tropft man mit einer Pipette Wasser auf den Punkt. Das Wasser löst die Farbstoffe und nimmt sie unterschiedlich weit mit. Es entstehen verschieden gefärbte Bereiche.
Aus dem Gemäldeschnipsel wird ein dicker schwarzer Punkt ausgeschnitten und auf ein Filterpapier gelegt. Dann tropft man mit einer Pipette Wasser auf den Punkt. Das Wasser löst die Farbstoffe und nimmt sie unterschiedlich weit mit. Es entstehen verschieden gefärbte Bereiche. Wenn die Farben in beiden Chromatogrammen nicht übereinstimmen, ist das Bild eine Fälschung.
b In dem Brief wird das Verfahren beschrieben und kann mit Skizzen (ähnlich wie in den Bildern 2 und 3 auf Seite 40) ergänzt werden. Er beginnt mit einer Anrede und einer kurzen Einleitung und endet mit freundlichen Grüßen.